Creadas a imagen de Dios

• Nelly A. Pérez •

Creadas a imagen de Dios

EDICIONES puma

Creadas a imagen de Dios
Nelly A. Pérez

© 2024 Centro de Investigaciones y Publicaciones (CENIP)
Hecho el Depósito Legal en la Biblioteca Nacional del Perú N° 2024-07522
Primera edición impresa, setiembre 2024

Categoría: Religión - Vida cristiana - Inspiración

ISBN N° 978-612-5026-41-5 | Edición impresa
ISBN N° 978-612-5026-42-2 | Edición digital

Editado por:
© 2024 Centro de Investigaciones y Publicaciones (CENIP)
Para su sello editorial: Ediciones Puma
Av. 28 de Julio 314, Int. G, Jesús María, Lima
Apartado postal: 11-168, Lima - Perú
Telf.: (511) 423–2772
E-mail: administracion@edicionespuma.org | ventas@edicionespuma.org
Web: www.edicionespuma.org
Ediciones Puma es un programa del Centro de Investigaciones y Publicaciones (CENIP)

Edición: Alejandro Pimentel
Diagramación: Hansel J. Huaynate Ventocilla

Contenido

Introducción

Antes de que comiences a leer este libro deseo explicarte cómo se gestó en mí este interés por la vida de las mujeres de la Biblia.

Desde que nací comencé a asistir a la iglesia en los brazos de mi madre. Allí fui creciendo. A medida que mi capacidad comprensiva se desarrollaba, cada vez me interesaban más las historias bíblicas, las que también me contaban en mi hogar, hasta que empecé a leerlas por mí misma.

En las clases bíblicas como en los cultos de la iglesia, cuando se consideraba algún personaje bíblico, generalmente se hablaba de los varones destacados: algún patriarca, Moisés, David, Pedro, Pablo. En muy raras ocasiones la meditación se basaba en la vida de las mujeres de la historia bíblica.

Pasaron los años y al ir atravesando las distintas etapas evolutivas en mi vida, comencé a ver a dichas mujeres con otros ojos. No solo me parecían interesantes por su fe, sumisión, devoción, sino también por el hecho de que ellas eran hijas, hermanas, esposas, madres, estaban enfermas, viudas, marginadas, empobrecidas, ignoradas. Algunas se destacaban por su increíble valentía, por su atrevimiento, por animarse a desafiar los cánones de la época.

A través de la investigación descubrí la inmensa cantidad de mujeres que el texto sagrado menciona. Y ni que hablar al llegar a los Evangelios y ver el amor especial y la consideración que Jesús les tuvo a las mujeres: a las que sanó, con las que entabló conversación, a las que se dio a conocer, las que lo acompañaron en su ministerio. Y luego, en los inicios de la iglesia, fueron muchas las que tuvieron un rol protagónico en la construcción de las pequeñas comunidades que estaban creciendo.

A veces, por negligencia o por costumbre, leemos la vida de los personajes bíblicos (tanto hombres como mujeres), en forma rápida, superflua, sin imaginarnos todas las repercusiones que habrán tenido en su entorno, en quienes les rodeaban y los dolores y desafíos que enfrentaban.

Se han escrito muchos libros sobre las figuras femeninas de la Biblia. Algunos las muestran alejadas de nosotros, casi etéreas o legendarias; otros las visualizan como personas de una espiritualidad y moralidad inigualable o como seres perversos, culpables de todo lo que sucede en su entorno.

La propuesta que encontrarás en estas páginas es intentar «meterte en la piel» de estas personas, sentir sus miedos, experimentar sus alegrías, rumiar sus dudas, llorar sus dolores. Estoy convencida de que cuanto más valoremos su humanidad, más dimensionaremos el amor y el poder de Dios en sus vidas.

Las historias que leerás tienen la intención de que pensemos en ellas como mujeres muy semejantes a nosotras, a pesar del tiempo y el espacio que nos separa. Pero, así somos las mujeres: todas distintas y, sin embargo, tan parecidas; con nuestras luces y nuestras sombras; con nuestras emociones y necesidades afectivas; con amor pródigo, con ansias de dejar huellas a nuestro paso que ayuden a los que nos siguen; con heridas que a veces nos vuelven hoscas y agresivas.

En el texto sagrado algunas aparecen con nombre, mientras que otras aparecen bajo la máscara del anonimato. Pero todas ellas juegan un papel muy importante. Sus actitudes, al igual que las nuestras, permitieron o impidieron que el amor de Dios fluyera en sus vidas.

Es por ello que te desafío a que, por medio del don maravilloso de la imaginación, puedas experimentar lo que significó para cada una de estas mujeres haber caminado por los senderos de esta vida y, al mismo tiempo, haber descubierto cómo, en todas sus carencias y fragilidades, el Todopoderoso se acercó a ellas, las fortaleció, las empoderó, les concedió un papel activo en su misión, las hizo trascender en la historia para que continúen hablándonos a nosotras.

Estoy convencida de que podrás identificarte con algunas de ellas y, con seguridad, su forma de proceder podrá ayudarte a superar angustias, a enfrentar la vida diaria, en tu familia, con las personas con quienes compartes la existencia en este siglo xxi y también con tu Creador.

Al finalizar cada relato encontrarás algunas preguntas que te permitirán imaginar un poco más lo que cada una de estas damas experimentó, sufrió, vivió, como así también para identificar mejor lo que Dios planea para tu vida. Podrás realizar estas reflexiones de manera individual o, quizá, quieras compartirlas con algunas amigas.

En esta pequeña obra se consideran algunas de las tantas mujeres que se mencionan en la Biblia, pero te invito a que puedas investigar por tu cuenta a tantas otras que no hemos mencionado y, que sin duda, también serán de crecimiento y bendición para tu vida y la de los demás.

Capítulo 1

Eva, creada a imagen de Dios

Génesis 1–3

Siguiendo con la rutina diaria, Adán se había sentado en una piedra y observaba con detenimiento a cada uno de los animales que iban desfilando ante su vista. Tocaba las distintas texturas del pelaje, las plumas, miraba sus ojos, orejas, sus dientes, sus garras, el porte en general. Y mientras lo hacía, se inspiraba en cómo podría llamarlos. Al ponerles nombre demostraba su autoridad, su superioridad sobre ellos.

La brisa acariciaba su rostro y desprendía aromas deliciosos de las flores y los frutos del jardín. Él jugueteaba animado con esos seres vivos que cada vez se le acercaban con más familiaridad. Pero, al llegar la noche, cada uno se alejaba a su nido, a su cueva, a su rincón predilecto, a fin de acomodarse para el descanso. Era en aquel momento en que el hombre, al relajar su cuerpo esbelto, sentía una inmensa soledad. No había nadie como él sobre la faz de la tierra. Nadie con quien hablar, a quien contarle algún descubrimiento que había hecho ese día en el jardín, o cómo se había refrescado en el río, o acerca de la belleza de un ave, de una mariposa, de una nueva flor que había abierto, o la dulzura de una fruta, o sobre alguna travesura de un mono que cada día lo sorprendía por sus habilidades. ¡Había tanto por conocer, con lo cual deleitarse! Pero no había con quien compartirlo. Nadie que le mirara a los ojos y comprendiera lo que estaba pensando, nadie que le devolviera una sonrisa o le acariciara el rostro con afecto.

Por primera vez desde los inicios mismos del proceso creativo, Dios se dio cuenta de que algo no andaba bien. Y susurró:

—No es bueno que Adán esté solo. Voy a hacerle una ayuda semejante, alguien que sea como él, alguien que también sea semejante a mí.

Y nuevamente el Creador, con todo su ingenio y buen gusto, modeló el cuerpo de una bella criatura y le dio aliento de vida al igual que al varón.

El hombre la contempló extasiado. Descubrió que su sonrisa era franca, que sus ojos se comunicaban con los suyos, que su piel, aunque más delicada, se parecía a la de él. Emitía sonidos parecidos a los suyos. Y si bien no era totalmente igual a él, intuyó que con ese ser podría empatizar, dar y recibir afecto. Y desbordado de emoción exclamó sin disimulo:

—Ahora sí, ¡esta vez sí!

Pero esta vez no le pondría nombre como lo había hecho antes con los reptiles, las aves, los cuadrúpedos, sino que decidió compartirle el suyo. Ella sería Varona. No podía proceder como con los animales, al nombrarlos demostrando su autoridad; con ella sería diferente.

Y así comienza la historia humana, con miradas que se entrecruzan, que se reconocen de igual a igual, de manera comprensiva.

Dios la había formado para ser su ayuda idónea, con quien podría entablar una relación benéfica, en la que cada uno podría ayudar o sostener a la otra persona como amiga y aliada. No había sido diseñada para ser subordinada, una criada, un ser inferior, sino alguien que sería fuente de fortaleza, apoyo, por ser su igual.

Esa relación armoniosa e igualitaria diseñada por el Creador duró muy poco. En el mismo instante en que la pareja humana decidió vivir de espaldas a Dios, hizo su aparición la falta de comunicación, de respeto, de responsabilidad, la crítica mutua, el maltrato. Después de ese trágico incidente, Adán le puso por nombre Eva.[1] Ya no la veía como igual a sí mismo; ahora el papel que jugaría sería el de procrear.

Para reflexionar

Como sucede cada vez que las personas hacen de la suya e ignoran los planes de Dios, esta ocasión dio lugar al dominio de uno y la sujeción de otra. Lo que comenzó siendo una verdadera historia de amor en

---

[1] En hebreo, un posible significado de Eva es «portadora de vida».

un lugar idílico, terminó en un caos que traería consecuencias para la posteridad.

Pero, gracias a Dios, aquí no termina la historia. El libro sagrado no condena a la mujer a ser inferior, sino que nos mostrará mujeres fuertes, valientes, emprendedoras que, a la par de los varones, enfrentarán los avatares de la vida e influirán en la historia de la humanidad. Y, al transcurrir el tiempo, el Creador del universo tuvo la maravillosa idea de irrumpir él mismo en el mundo por medio del vientre de una mujer.

Cabe aclarar que en la Biblia encontramos pasajes «constitutivos» para todos los tiempos, tales como:

> Y Dios creó al ser humano a su imagen;
> lo creó a imagen de Dios.
> Hombre y mujer los creó. (Génesis 1.27)

Inspirado en esta gran declaración, el apóstol Pablo escribirá muchos siglos después:

> Ya no hay judío ni griego, esclavo ni libre, hombre ni mujer, sino que todos ustedes son uno solo en Cristo Jesús. (Gálatas 3:28)

Estos pasajes «constitutivos» no se deben colocar al mismo nivel que aquellos «circunstanciales», que se rigen por situaciones específicas del tiempo y el espacio, como aquella congregación ubicada en un contexto determinado y en el que la mujer debía callar en la congregación. Los «circunstanciales» no son normativos. Se cometería un error de interpretación y se atentaría contra el espíritu del Evangelio si los colocásemos en el rango de dogma universal para todos los tiempos. Tenemos la obligación de leer y entender estos pasajes en su conjunto, respecto a la carta, la comunidad cristiana y el resto de la sociedad, y así mismo saber identificar la coyuntura histórica al momento de su aparición. A pesar de que son muy pocos los pasajes que manifiestan esta fuerte influencia patriarcal en detrimento de una relación igualitaria entre hombres y mujeres, la tendencia generalizada es que los lectores los saquen de su contexto y les otorguen un valor universal y sagrado, ignorando el contexto en el que fueron escritos y la postura radicalmente opuesta que Jesucristo demostró sobre el tema.

- ¿Qué relación tiene el pecado con el sometimiento de una persona a otra?
- ¿Cómo se manifiesta esto en tu entorno social y en tu congregación?
- ¿Qué consecuencias debería tener esta verdad en nuestras relaciones interpersonales, familiares, en la iglesia y en la sociedad respecto a que tanto el varón como la mujer fueron creados a imagen de Dios y con la misma igualdad?
- ¿Qué podrías hacer de manera individual o como comunidad de fe para que logres que todos los seres humanos sean considerados igualmente dignos?

Capítulo 2

La esposa de Lot y el peligro de aferrarse a lo conocido

Génesis 19.1-26

Era el anochecer cuando dos visitantes llegaron a la ciudad de Sodoma. Lot, muy gentilmente, los invitó a pasar la noche en su casa.

Mientras estaban comiendo, unos golpes insistentes y gritos amenazantes sobresaltaron a los ocupantes de la vivienda. Eran los habitantes del lugar que pedían conocer a los forasteros para tener relaciones sexuales con ellos. Ante la negativa del dueño de casa, ellos exacerbaron su acoso intentando tirar la puerta abajo y violar al mismo Lot. Pero los visitantes, con una rapidez sorpresiva, extendieron la mano y asieron con fuerza al hombre que les había dado alojamiento. Este gesto de auxilio no quedó allí, sino que haciendo uso de sus poderes angelicales cegaron a los agresores dejándolos a tientas, sin poder entender nada.

Los huéspedes advirtieron a Lot que con urgencia reuniera a toda su familia. Era necesario huir cuanto antes. La ciudad sería arrasada porque la violencia que reinaba en ella había colmado la paciencia divina.

Lot intentó convencer a sus futuros yernos, pero ellos no creyeron que la prometedora ciudad de Sodoma fuese exterminada porque así lo decían personas que habían aparecido de repente.

Los visitantes insistieron una y otra vez. La convicción de ellos no era fácil de asimilar para quienes habitaban allí. Hacía tiempo que habían echado raíces en ese lugar. Tenían todo lo que necesitaban para vivir. Se habían acostumbrado al lugar.

Los minutos pasaban, el tiempo se aceleraba, la noche oscura acrecentaba la incertidumbre. ¿Sería cierta esta noticia amenazadora? ¿Habría que huir y dejar todo lo que habían construido?

La voz de estos ángeles encubiertos aumentaba la tensión familiar. Lot miraba a sus hijas y a su esposa. Las mujeres se aferraban a sus posesiones, a sus afectos.

—¡Salgan! ¡Rápido! ¡No hay tiempo que perder! ¡Huyan con lo puesto! ¡Se viene la destrucción!

A pesar de la insistencia de los huéspedes, de la amabilidad que habían demostrado hacia los dueños de casa, de su intervención milagrosa frente a la violencia de los acosadores, era muy difícil abandonar todo. Edith[1] no le veía sentido a esa opción descabellada que se le proponía. Allí estaba todo, su vida, sus pertenencias, su rutina diaria, sus relaciones. ¿Existiría otra posibilidad de subsistir si abandonaba aquello?

Mientras el apego por lo conocido le impedía ver la realidad, los emisarios de la tragedia tomaron con decisión su mano y la de cada uno de los miembros de su familia. Los conducían hacia lo inexplorado, lo incierto, lo temeroso.

Las primeras luces de la mañana estaban asomando cuando, en medio de tropezones, lograron salir de la ciudad. Estaban en estado de shock. Hacía casi veinticuatro horas que estaban despiertos y esas últimas horas habían resultado las más estresantes de la vida. Corrían inseguros, titubeantes, pero corrían.

Quienes guiaban esa marcha no deseada exclamaron a modo de despedida:

—¡Corran y salven sus vidas! ¡No miren hacia atrás ni se detengan en ningún lugar del valle! ¡Escapen o serán destruidos!

Lot inició una carrera a toda velocidad. Las hijas lo seguían temerosas. Pero Edith continuaba sumida en la nostalgia por lo que se escabullía de sus manos. Con cada paso que daba, Edith tomaba más y más conciencia de la tremenda equivocación que estaban cometiendo.

---

[1] El nombre de la esposa de Lot no aparece en la Biblia, sino en un comentario rabínico conocido como Midrash. Allí consta que se llamaba Idit (una variante de Judit). El nombre que más parecido suena a Idit sería Edith (cuyo origen es inglés). El significado de Edith es «riqueza» o «prosperidad».

La desesperación se apoderó de su corazón, de su mente, de cada parte de su cuerpo. Parecía que este suplicio la iba paralizando segundo a segundo. No podía soportarlo. Y sí, ¿por qué no? Tenía que mirar hacia atrás por última vez para grabar en su memoria todo aquello que conocía tan bien, sobre lo cual había cimentado su vida. No podía continuar sin fotografiar con los ojos del corazón aquello a lo que se la forzaba a renunciar.

Sus piernas la llevaban hacia adelante, pero sus emociones la obligaban a regresar. De repente el paisaje se tiñó de humo. El olor a quemado inundó la brisa de la mañana. Los pasos de Edith se hicieron más pausados. Giró bruscamente y… quedó atrapada, inmóvil… desintegrada. Dejó de ser un organismo vital, fecundo, capaz de engendrar vida, para fosilizarse en una estatua de sal. Y allí quedó, mineralizada, atascada en un ícono inactivo.

Para reflexionar

En Lucas 17:32-33, si bien el relato es breve, Jesús recuerda a esta mujer como advertencia para sus discípulos:

> ¡Recuerden lo que le pasó a la esposa de Lot! Si se aferran
> a su vida, la perderán; pero si dejan de aferrarse a su vida,
> la salvarán.[2]

Edith no es la única mujer que se aferró a su vida, a su pasado. Aún hoy muchas mujeres no logran escapar de su zona de sumisión aprendida, de su historia de abuso. Lo conocido, lo rutinario, es lo único que les resulta familiar, posible. Pero, a su vez, las nuevas expresiones de femineidad las confunden, incluso las enojan, las desestabilizan, y hasta las sumergen en el resentimiento o la añoranza por sueños no concretados o por el recuerdo de sus múltiples frustraciones.

Dios, en su gran misericordia, quiere que las mujeres avancen libres y confiadas hacia el futuro. Él está allí, esperándolas para permitirles crecer, desarrollarse. Él también ha trazado planes para sus vidas, para escribir una historia donde ellas sean protagonistas y no permanezcan en las sombras. Solo deben confiar en el Dios que las creó a su imagen, y que las ha incluido en sus planes maravillosos.

---

[2] Versión Nueva Traducción Viviente.

- ¿De qué manera las mujeres se debilitan, empequeñecen, esclavizan y estancan cuando se aferran a su «zona de comodidad»?
- ¿Eres una de esas mujeres o conoces alguna que viva atada a su pasado, a la costumbre, a la rutina de lo conocido?
- ¿Qué decisiones serían saludables para poder avanzar libres y confiadas hacia el futuro que Dios tiene en sus manos?

Capítulo 3

Sara y Agar, incluidas en la historia de Dios a pesar de sus malas decisiones

Génesis 16; 21.1-21

Agar era esclava en todo el sentido de la palabra. Había sido entregada a un hebreo errante como trofeo del faraón a fin de congraciarse con él. Junto a otros esclavos, ovejas, vacas, asnos y camellos pasó a formar parte del patrimonio del patriarca Abram. La sensación de no ser dueña de sus actos y decisiones se vio agravada por el hecho de dejar atrás sus afectos, irse a una tierra extraña, vivir con una cultura prestada, intentar comunicarse a través de una lengua desconocida y ser infiel a los dioses de la infancia. Su único capital, juventud y belleza, le habían jugado una mala pasada. Estos atributos la habían convertido en una pieza valiosa para restablecer relaciones entre dos pueblos.

El trabajo diario era agotador. Había mucho por hacer: ir en busca de agua, moler el grano, asear las tiendas, hilar la lana, confeccionar prendas, coser mantos que se rompían, lavar utensilios, ayudar en la elaboración de los alimentos, y obedecer cada orden de sus dueños, ya muy entrados en años.

Por la noche, al caer rendida, los sueños le permitían vivir en libertad, regresar a los recuerdos de su querida tierra egipcia, refrescarse en las aguas del Nilo, contemplar las majestuosas pirámides, jugar a que intentaba escalarlas con sus amigos de la infancia. Pero, al amanecer, el encanto desaparecía y nuevamente la esclavitud se apoderaba de su cuerpo, de su ánimo, y desintegraba sus esperanzas.

Su ama Saray no había podido concebir hijos. A pesar de su buen pasar económico, la vida le había negado el bien que más deseaba su corazón. Un buen día la anciana concibió una idea. Tendría un hijo de su marido, pero utilizaría el vientre de su esclava. Ella recibiría al niño al nacer y desde entonces lo criaría como suyo.

Como era el único camino posible para lograr ser madre, se puso en marcha. Convenció a su esposo para que tuviera relaciones con la muchacha… Y la joven quedó embarazada.

Dos mujeres. Dos expectativas distintas. Dos voluntades contrapuestas. Una soñaba con apropiarse de un hijo que no se entretejía en su cuerpo, y la otra se paseaba ostentando su vientre abultado, mostrando lo único que podía considerar suyo, el hijo de sus entrañas, y al cual no estaba dispuesta a renunciar.

Saray, molesta por la actitud de su esclava, poseída por la envidia de no ser ella la portadora del hijo de su esposo, resentida con la vida que le había negado lo que tanto deseaba, le echó en cara a Abram por haber embarazado a Agar. El anciano, desconcertado por los reproches de su esposa, le dijo que ella hiciera lo que quisiera.

La furia de la anciana se acrecentaba y el mal trato que prodigaba a la esclava también. Por esta razón la joven planeó huir de esa realidad que la aprisionaba y despersonalizaba. Un sinfín de preguntas la atormentaban. ¿Hasta dónde podría llegar estando embarazada? ¿Lograría dar a luz en un sitio seguro? ¿Alguien le brindaría ayuda a ella y a su pequeño hijo? ¿Lograrían sobrevivir? Y aunque no encontraba respuestas, huir parecía mejor que continuar en una convivencia torturante, que la humillaba y amenazaba.

Mientras aún todos dormían en la casa, Agar huyó, con sus escasas pertenencias y una vida en el vientre.

El desierto la cobijó exhausta junto a un manantial de agua. Estaba cómoda, pero ¿cuál sería su futuro y el de su criatura? Esto la inquietaba en gran manera.

De pronto, un ángel del Señor se le apareció. Sí, ella, la esclava, la egipcia, la que no merecía nada, recibió esta visita inesperada. Y la llamó por su nombre:

—Agar, sierva de Saray, ¿de dónde vienes y a dónde vas?

No es que el ángel no supiera las respuestas, pero como buen terapeuta quería confrontarla con la realidad que estaba viviendo.

La mujer respondió:

—Estoy huyendo de mi dueña, Saray.

La respuesta angelical la dejó estupefacta.

—Vuelve junto a ella y sométete a su autoridad… De tal manera multiplicaré tu descendencia que no se podrá contar.

¿Qué se le pedía? ¿Volver a someterse a la explotación de la anciana Saray? Por lo menos se le había dicho que iba a tener infinitos descendientes. ¿Ella?

Pero el ángel, con una ternura para ella desconocida, le dijo:

—Estás embarazada, darás a luz un hijo, y le pondrás por nombre Ismael[1] porque el Señor ha escuchado tu aflicción. Será un hombre indómito, como asno salvaje. Luchará contra todos y todos lucharán contra él; y habitará frente a todos sus hermanos.

Agar no podía creer que el Señor hubiese visto su angustia, su soledad, la injusticia de la que había sido víctima, cómo se le había presentado en medio del desierto, cómo le habló, la seguridad que le había dado. Y así, a pesar de no tener títulos académicos, de solo ser una posesión de otros, la esclava obtuvo un conocimiento de Dios de primera mano. Desde ese día le puso por nombre «El Dios que me ve», pues se decía a sí misma: «Ahora he visto al que me ve».

Y la mujer regresó al lugar de donde había huido. Y el hijo nació.

No conocemos demasiados detalles de sus primeros años, pero podemos imaginar que la convivencia debió ser muy tensa. Dos mujeres que pretendían ser la madre de un niño que se prendía de los pechos juveniles en busca del alimento y ese olor que le resultaba familiar, que se acurrucaba junto a ella, y que, más adelante, corría alborotado por las tiendas haciendo travesuras.

Saray hacía una mueca de desdén al ver el gran parecido que tenía con Agar. Y tampoco se complacía al contemplar el cariño que su esposo le prodigaba al muchacho.

Agar, por su parte, si bien sabía que debía compartir su hijo con su dueña, se dedicaba a tejer lazos de ternura que atraían cada vez más a Ismael.

Pero Dios, en su gran misericordia, no se olvidó de Sara,[2] para quien el reloj de las oportunidades ya se había detenido. Siendo muy anciana,

---

[1]   En hebreo, Ismael significa *Dios escucha*.

[2]   A partir del capítulo 17 de Génesis, Saray pasa a llamarse Sara, que significa «princesa», y Abram toma el nombre de Abraham, que puede significar «padre de muchos».

también recibió una visita inesperada que le confirmó que ella sería madre. Y el milagro sucedió. ¡Científicamente un caso inexplicable! Pero, en el tiempo anunciado por Dios, un bebé se acurrucaba entre sus brazos. Por fin la vida había adquirido sentido. Y le puso por nombre Isaac, que en su idioma se relaciona con la palabra «risa». Desde el anuncio de esa promesa la vida familiar se había convertido en una risa constante.

Isaac creció y cuando fue destetado su padre organizó un banquete. Sara, enfurecida, vio que el hijo de Agar se burlaba del pequeño Isaac. Y entonces le dijo a su esposo que echara a esa esclava y a su hijo, ya que él nunca tendría parte en la herencia con Isaac.

Las palabras de Sara angustiaron mucho al anciano. Después de todo Ismael era también su hijo. Pero nuevamente Dios intervino, y consoló a Abraham, asegurándole que de los dos hijos haría una gran nación.

A la mañana siguiente, muy de madrugada, el anciano se levantó, tomó un pan y un recipiente de cuero para agua y se los entregó a la esclava. La despidió a ella y al muchacho rumbo a lo desconocido.

Otra vez Agar se encontraba deambulando por el desierto sin una ruta precisa. Cuando se acabó el agua, puso al muchacho a la sombra de un arbusto y fue a sentarse sola como a unos cien metros de distancia, pensando que no quería ver morir al muchacho.

La angustia la desbordó y comenzó a llorar desconsolada. Pero no estaba sola. Alguien la estaba escuchando otra vez. Alguien presenciaba su llanto y el del niño. Nuevamente el ángel de Dios la llamó desde el cielo y le dijo:

—¿Qué te pasa Agar? No temas, pues Dios ha escuchado los sollozos del muchacho ahí donde está. Levántate y tómalo de la mano, que yo haré de él una gran nación.

Al instante Agar vio un pozo de agua que la angustia no le había permitido divisar anteriormente. Llenó el recipiente de cuero y dio de beber al muchacho.

Reconfortados emprendieron la marcha. Dios acompañó su crecimiento hasta que se hizo un hombre adulto.

Para reflexionar

¡Qué difíciles son las relaciones humanas! Y, más aún, cuando estas se ven afectadas por situaciones de poder, de celos, malos tratos, envidias. Muchas veces, cuando estamos envueltos en experiencias de este tipo, pensamos que estamos desagradando a Dios, que él nos ha dado la espalda, que él ignora lo que nos sucede, se ha desentendido de nuestros problemas o llegará a excluirnos de sus planes eternos.

Pero esta historia nos refleja que la misericordia y gracia de Dios, así como sus propósitos incomprensibles, superan nuestras malas decisiones, nuestras pequeñeces humanas. Como dice el refrán popular: «Dios escribe derecho en nuestros renglones torcidos». O, como con toda razón lo afirma el apóstol Pablo: «Donde abundó el pecado, sobreabundó la gracia».[3]

¡Qué maravilla que este Dios, quien conoce nuestras angustias, siempre se acerca a nosotros cuando más lo necesitamos!

- ¿De qué manera las relaciones conflictivas nos han llevado a tomar decisiones equivocadas y hacer nuestra vida más difícil? ¿Recuerdas alguna experiencia al respecto?
- ¿Cómo has experimentado la gracia de Dios en medio de relaciones difíciles e injustas?
- El hecho de saber que Dios conoce todo lo que nos angustia, ¿cómo nos ayuda a enfrentar las dificultades?

---

[3] Romanos 5.20.

Capítulo 4

Dios interviene en familias disfuncionales

Génesis 29.1–30.24

Se sintió rechazada desde el mismo instante en que nació. Su padre Labán, pastor de ovejas, como buen hombre de su época, esperaba que su primer hijo fuese varón. La llegada de una niña lo puso de muy malhumor. Quería vengarse de la vida, de su suerte, y hasta de la pobre criatura que con gemidos y llantos necesitaba ser atendida. Cuando le preguntaron cómo la llamarían, poseído por una ira imposible de contener, respondió muy convencido: «Vaca salvaje». A nosotros el nombre nos llega atenuado, traducido a nuestro idioma como Lea, pero la pequeña creció sintiéndose despreciada y desubicada en una familia donde las ovejas eran el centro de atención y el medio de subsistencia.

Poco tiempo después, nació otra pequeña niña. Su padre, resignado ante la imposibilidad de engendrar varones, decidió mirarla con ternura y la llamó Raquel, que significa «oveja».

Mientras Vaca salvaje y Oveja crecían, percibiendo las diferentes miradas que su padre les prodigaba a ambas, entre ellas se iba levantando un muro de competencias, envidias, rencores, preferencias, rechazos, desigualdades, que transformó su condición de hermanas en algo imposible de sobrellevar.

A esto se sumaba la belleza de Raquel, que le afloraba por la piel. Se reflejaba en sus ojos chispeantes, se derramaba en su cabellera y en toda su figura se percibía una exquisita armonía. En Lea, era diferente. Todo lo que en Raquel se exhibía con abundancia en Lea era mezquindad y carencia.

Cierto día llegó hasta esas lejanas tierras de Harán un joven, llamado Jacob, que venía en búsqueda de parientes y de esposa. Cuando se encontró con Raquel en el pozo, donde tomaban agua las ovejas que ella pastoreaba, intuyó que esa era la mujer que podía saciar su corazón y su cuerpo de hombre.

Luego de presentarse con cortesía y de constatar que eran familiares, Jacob se hospedó en casa de Labán y empezó a trabajar para él.

Un mes después, el dueño de la propiedad le preguntó cuánto quería ganar por sus servicios y Jacob pensó que había llegado su gran oportunidad. Las manos le temblaban con un sudor frío, la voz se le quebraba y un rubor no esperado le subía por las mejillas. Pero, haciendo coraje dijo:

—Por Raquel, tu hija menor, trabajaré siete años para ti.

¡Cómo habrá sido el enamoramiento de Jacob para sugerir semejante ofrecimiento! A Labán la propuesta le pareció de lo más conveniente, así que aceptó de inmediato.

Durante siete años Jacob pastoreó las ovejas de su suegro pensando en Raquel. Hubo días en que las punzantes brisas heladas cortaban la piel del rostro y de las manos al descubierto, o siestas en que la fuerza insoportable del sol desvanecía a los hombres y a las bestias. También hubo mañanas tibias en que la brisa cargada de aromas encendía las pasiones, o aquellas en que los ocres otoñales pintaban el paisaje. Fue mucho el tiempo, pero le pareció muy poco. Era tan fuerte el cariño y el delirio que sentía por ella. Lo alentaba el saber que, al regresar a la casa, luego de la extenuante rutina diaria, podría contemplar a la mujer de sus sueños, intercambiar unas pocas palabras y disfrutar de su sonrisa, aunque fuera solo por unos instantes de acuerdo con lo permitido en aquellas épocas.

Raquel, si hubiese vivido en nuestros días, mes tras mes habría deshojado el almanaque. Pero ella se guiaba por la luna. Ya se había vuelto experta en contar las noches en que la blanca luminosidad confirmaba un nuevo plenilunio.

Por fin llegó el día. Todos iban y venían aseando el lugar, acarreando alimentos, bebidas, mantas, utensilios, jarrones, telas para transformar la aridez del terreno en un salón de fiesta. ¡Había tanto por preparar! Hacía mucho que en esa casa no se vivía un festejo similar. Era la primera boda que allí se celebraba después de tantos años. Todos los vecinos acudieron de muy buena gana. Jacob no cabía en sí de tanta alegría. No podía creer que al fin se casaría con esa mujer con la que había soñado tantas noches y días durante esos siete años de espera.

Cuando todos estaban alegres y bien comidos, el joven se dirigió a la habitación nupcial dispuesto a esperar a su amada. El retraso se dilataba. De pronto se abrió la puerta. La agitación y conmoción que abrigaba en su pecho le embotaron la conciencia y los sentidos. La espesa oscuridad de la tienda, las emociones desorbitadas de las últimas horas, las secuelas de la fiesta y el bullicio enceguecieron a Jacob, quien con una prisa incontenible se deshizo en caricias, besos y juegos amorosos.

Jacob percibió que la novia parecía una oveja asustada, pero intuyó que era por la falta de experiencia. A medida que avanzaba la noche, la joven, sin pronunciar palabras, prodigó caricias y arrumacos como si por fin sintiera que su sueño imposible se hacía realidad.

La penumbra comenzó a disiparse y cuando el sol logró iluminar el ambiente Jacob se desperezó satisfecho y sonriente. Miró el rostro de la mujer que lo había complacido. Abrió más grandes los ojos, se los restregó. ¡No! ¿Estaba despierto? ¿Esto era un sueño de mal gusto? ¿Qué estaba sucediendo? Al entender que su vista no lo traicionaba, se incorporó de un salto y se vistió. Su rostro reflejaba la ira que lo desbordaba y sacudió con violencia a la muchacha que comenzaba a despertar. La acribilló a preguntas. ¿Qué había sucedido? ¿Por qué Lea había recibido el amor que con tanta fidelidad él había amasado y hecho leudar en su corazón durante tanto tiempo? ¿Cómo podría ahora mirar a Raquel a los ojos? ¿Por qué esta confusión?

La mujer, con vergüenza y sintiendo una vez más el menosprecio que ya le era habitual, aunque esta vez por parte del hombre que ella amaba en silencio, le explicó que esa era una trampa que les había tendido Labán. Según él, no podía ser que la hija menor se casara antes que la mayor.

Jacob, enceguecido por la rabia, salió de la tienda como un ciclón. Un fuerte dolor lo partía por la mitad. Sentía como si toda la sangre de su cuerpo se concentrara en su cabeza a punto de estallar. Buscó a Labán. Se abalanzó sobre él, pero el hombre, endurecido por los intereses mezquinos, estiró sus brazos poniendo distancia. Con voz calmada le dijo:

—Cumple con la semana de bodas de Lea y entonces te daremos también a Raquel, si es que te comprometes a trabajar conmigo otros siete años.

Por siete noches Lea tuvo a Jacob como su esposo exclusivo, pero pronto se desvaneció la dicha que el capricho y la astucia de su padre le habían permitido vivir. Y Raquel por fin consumó su matrimonio. Desde entonces, la rivalidad entre las hermanas se tornó insostenible. Jacob tenía sus preferencias muy bien definidas, pero las obligaciones de esposo le llevaban a repartir sus caricias que no lograban satisfacer la envidia y el rencor de las muchachas.

Como Dios vio que Lea no era amada, decidió compensar su vacío afectivo con hijos. Y tuvo uno, y tuvo dos, y tuvo tres y tuvo cuatro. Su fertilidad la tornaba más apetecible. El tener una gran prole era la ambición de todo hombre, no solo por cuestiones de trascendencia o amor paterno, sino también por razones económicas. Los hijos, con su trabajo, engrosaban el patrimonio familiar.

Pero Raquel permanecía estéril. Sentía que cada sobrino que nacía intoxicaba su matriz de una rabia insoportable que la volvía aún más infecunda. Su valor como persona poco a poco se desvanecía, ya que por ese entonces la mujer era vista como una sensual máquina reproductiva, y si no desempeñaba la función esperada, su prestigio se deterioraba.

Cuando Lea tuvo su primer hijo lo llamó Rubén,[1] porque exclamó: «El Señor ha visto mi aflicción; ahora sí me amará mi esposo». Al segundo le puso por nombre Simeón,[2] porque dijo: «Llegó a oídos del Señor que no soy amada, y por eso me dio también este hijo». Cuando nació el tercero lo llamó Leví,[3] porque pensó: «Ahora sí me amará mi esposo, porque le he dado tres hijos». Y cuando dio a luz al cuarto lo apodó Judá,[4] porque afirmó: «Esta vez alabaré al Señor».

Raquel, carcomida por la ira, le recriminó a Jacob:

---

[1] En hebreo, Rubén suena como las palabras que significan «¡Miren, un hijo!» y también «Él vio mi aflicción».

[2] En hebreo, Simeón significa «el que oye».

[3] En hebreo, Leví suena parecido al verbo que significa «unir», «amar».

[4] En hebreo, Judá tiene un sonido parecido al verbo que significa «alabar».

—¡Dame hijos! Si no me los das, ¡me muero!

Jacob reaccionó de muy mala manera al ser acusado por una causa que no merecía:

—¿Acaso crees que soy Dios? ¡Es él quien te ha hecho estéril!

Las palabras de su amado aplastaron la poca autoestima que le quedaba. Como ya no tenía nada que perder, tomó a su criada y le pidió a Jacob que tuviera relaciones con ella. Si ella concebía, al momento de dar a luz ella recibiría al niño como propio. Y así sucedió. Al nacer el bebé, Raquel lo llamó Dan,[5] y exclamó: «¡Dios me ha hecho justicia! ¡Escuchó mi plegaria y me ha dado un hijo!» La criada de Raquel volvió a concebir. Cuando nació la criatura, Raquel se sinceró: «He tenido una lucha muy grande con mi hermana, pero he vencido», y le puso por nombre Neftalí.[6]

Al ver que su hermana volvía a recuperar el protagonismo en la vida de su esposo y ella perdía fecundidad, Lea tomó a su criada e imitó la estrategia de Raquel. De esta mujer Jacob engendró nuevamente. Al nacer el niño, Lea no pudo ocultar su alegría y exclamó: «¡Qué suerte!» Por eso lo llamó Gad.[7] La criada volvió a parir y a esta criatura la llamaron Aser,[8] porque Lea no dejaba de gritar a los cuatro vientos: «¡Qué feliz soy! Las mujeres me dirán que soy feliz».

Lea, inesperadamente, le dio a Jacob otro hijo. Sorprendida anunció: «Dios me ha recompensado», por eso lo llamó Isacar.[9] Al poco tiempo, un nuevo embarazo llenó de dicha la vida de la mujer que todavía no se sentía amada, y al dar a luz dijo: «Dios me ha favorecido con un buen regalo. Esta vez mi esposo se quedará conmigo, porque le he dado seis hijos» y le puso por nombre Zabulón.[10] Más tarde Lea concibió una niña, a la que llamó Dina.

Raquel estaba deshecha. Las luchas con su hermana le habían ajado la piel y sus ojos ya no tenían el brillo de antes. Si bien su figura se mantenía intacta, el rencor le había robado la gracia. Se sentía sin armas y sin fuerzas. Cuando estaba a punto de declararse vencida,

---

[5] En hebreo, Dan significa «Él hizo justicia».
[6] En hebreo, Neftalí significa «mi lucha».
[7] En hebreo, Gad significa «suerte», «buena fortuna».
[8] En hebreo, Aser significa «feliz», «dichoso».
[9] En hebreo, Isacar suena parecido a la palabra que significa «premiar».
[10] En hebreo, Zabulón suena como el verbo que significa «honrar».

Dios quiso sorprenderla y le regaló lo que tanto ansiaba: un embarazo. Cuando llegó el niño tan deseado anunció: «Dios ha borrado mi desgracia. Quiera el Señor darme otro hijo», y lo llamó José.

Pasó el tiempo, y cuando Jacob decidió abandonar a su suegro y volver a su tierra natal, llamó a las hermanas.[11] Parecía que el tiempo había acortado la distancia entre ellas. La costumbre, el reconocimiento de quién era cada una y la aceptación del lugar que ocupaban en la vida familiar, de las pérdidas y ganancias que cada una tenía, habían suavizado las relaciones fraternas. Las mujeres, se pusieron de acuerdo entre ellas y dijeron a su esposo:

—Ya no tenemos ninguna parte ni herencia con nuestro padre. Nos ha tratado como si fuéramos extranjeras. Nos ha vendido y se ha gastado todo lo que recibió por nosotras. Haz todo lo que Dios te ha ordenado.

La gran familia emprendió el viaje. Durante la larga travesía, Raquel descubrió que estaba embarazada. El trayecto se le hizo pesado. Antes de llegar a destino le llegó la hora de dar a luz. El parto fue muy difícil. Sintió que la muerte llegaba a arrebatarle la dicha de ser madre por segunda vez. En sus últimos suspiros alcanzó a llamar a su hijo Benoni, que significa «hijo de mi aflicción». Pero Jacob, para evitar que la fatalidad fuese un estigma en la vida del recién nacido, le puso por nombre Benjamín que significa «hijo de mi mano derecha». La alegría de recibir una nueva vida se vio opacada por la despedida sin retorno de Raquel.[12]

Continuaron el viaje hasta llegar a Mamré. Allí, años después, fue enterrada Lea. Cuando Jacob ya era muy anciano y la vida le había hecho muy malas jugadas, se despidió de sus hijos y pidió ser sepultado junto a su primera mujer.[13] Con el tiempo había reconocido su valor. La relación que ella tenía con Dios lo había fortalecido, su fecundidad lo había afirmado. De los hijos que le dio Lea continuó la línea sacerdotal y mesiánica del pueblo de Israel.[14]

---

[11] Génesis 31.4, 14-16.

[12] Génesis 35.16-20.

[13] Génesis 49.29-31.

[14] Por ser Lea la madre de Leví, de quien desciende la línea sacerdotal, y de Judá, de quien nacería Jesús el Mesías.

Para reflexionar

En esa familia tan disfuncional nadie logró cumplir plenamente sus sueños. Pero, en nuestra realidad, ¿cuántos lo logran? Uno de los desafíos más grandes de la vida es aceptar los regalos y sorpresas que Dios nos ofrece cada día, aun cuando nuestros deseos insatisfechos se rompan en mil pedazos. Siempre escuchamos que la convivencia no es cosa fácil pero quizá, la mayoría de las veces, nosotras la hacemos más complicada todavía.

Lo curioso es que, a pesar de la gravedad de conflictos e intereses que sin duda se habrán gestado en la familia de Jacob, Dios decidió formar su pueblo con esas personas. De cada uno de esos hijos, nacidos de la competencia y la envidia, él formó cada una de las doce tribus de Israel, quienes muchos años después se encargarían de poblar la tierra prometida.

- ¿Cómo vivieron su relación de hermanas Lea y Raquel? ¿En qué medida fueron víctimas de la familia o de las circunstancias? ¿En qué medida ellas fueron responsables de la situación? ¿Cómo podría haber sido más llevadera la relación?
- ¿Con quienes te resulta más difícil la convivencia? ¿Cómo puedes hacer que la misma sea más gratificante y provechosa?
- A pesar de las relaciones conflictivas que te toca vivir, ¿cómo te parece que Dios podría llegar a intervenir y transformar esas desdichas en parte de sus planes?
- ¿De qué manera la historia de esta complicada familia te ayuda a ver tus conflictos desde otra perspectiva?

Capítulo 5

Tamara, una mujer que luchó por sus derechos

Génesis 38

Los hijos de Jacob crecieron en una familia disfuncional, en medio de una convivencia conflictiva. Al ver la preferencia que su padre tenía hacia José, hijo de Raquel, los hermanos mayores tramaron la muerte del joven. Uno de los instigadores de semejante traición fue Judá, quien propuso, en cambio de asesinarlo, vender al muchacho a unos mercaderes madianitas que se dirigían hacia Egipto.

La manera cómo engañaron a su padre anciano, haciéndole creer que un animal lo había despedazado, y semejante plan malévolo que habían organizado tuvo sus consecuencias para toda la familia. Quizá por eso, Judá decidió alejarse de su familia e irse a vivir a otro poblado de Canaán. Allí contrajo matrimonio y tuvo tres hijos: Er, Onán y Selá.

Cuando el mayor se hizo hombre, Judá le buscó una esposa del lugar llamada Tamar. Al poco tiempo Er murió. Por esta razón, conforme a una antigua costumbre llamada levirato,[1] por medio de la cual se aseguraba la descendencia del fallecido, Judá dispuso que Onán contrajera nupcias con la viuda. Pero Onán también falleció.

Judá, destrozado por la muerte de sus dos hijos y temiendo que la misma suerte corriera Selá, aprovechó que este aún era muy joven e hizo una falsa promesa a su nuera:

---

[1] La ley del levirato aseguraba la descendencia del hombre fallecido. Un hermano, o si no lo hubiera, el familiar más cercano debía casarse con la viuda. De esta manera se protegía a la mujer y el primer hijo varón que naciera sería considerado heredero del primer esposo.

—Quédate como viuda en la casa de tu padre, hasta que mi hijo Selá tenga edad de casarse.

Pasaron los años y Judá perdió a su esposa. Cumplido el tiempo de duelo fue a un pueblo que estaba próximo a la residencia de Tamar. Cuando ella se enteró de la llegada de su suegro al lugar, y dándose cuenta de que él nunca había cumplido la promesa realizada, tramó un plan. Se quitó su traje de viuda y se vistió como si fuera una seductora prostituta.

Cuando Judá pasó por el camino, al ver el encanto de la mujer que estaba con el rostro cubierto, le propuso tener relaciones. Tamar inmediatamente le preguntó qué le daría a cambio de sus servicios. Él le prometió que enviaría un cabrito de su rebaño. La mujer, muy astuta, le pidió que le dejara algo en garantía hasta que enviara el animal. El hombre preguntó qué quería y ella le pidió algo muy personal:

—Dame tu sello y tu cordón, y el bastón que llevas en la mano.

Se piensa que este sello era un pequeño objeto de forma cilíndrica que se usaba para firmar documentos en tabletas de arcilla. El mismo tenía una perforación por la cual se pasaba un cordón que permitía a su dueño colgárselo al cuello.

Judá le entregó sus pertenencias, se acostó con ella y Tamar logró lo que quería: quedar embarazada.

Cuando Judá volvió a su casa, tomó un cabrito y lo envió por medio de un amigo con todas las indicaciones precisas del lugar en donde había encontrado a la supuesta prostituta. Pero ¡vaya sorpresa!, la mujer no apareció. Los vecinos aseguraban que allí nunca había existido una mujer que comerciara con su cuerpo.

Al regreso de su amigo, Judá se resignó a perder sus pertenencias. Había cumplido con el trato, pero la mujer nunca había aparecido.

Meses después le informaron a Judá que su nuera, la viuda de sus hijos, se había prostituido y como resultado de sus andanzas estaba embarazada.

Judá, enceguecido por la furia a causa de la deslealtad de la mujer, ordenó sacarla del pueblo y quemarla.

Cuando los habitantes del lugar estaban cumpliendo con la orden, Tamar utilizó su astucia y envió el siguiente mensaje a su suegro: «El dueño de estas prendas fue quien me embarazó. A ver si reconoce usted de quién son este sello, el cordón del sello, y este bastón».

Judá reconoció de inmediato sus pertenencias, como así también que la conducta de la mujer había sido más justa y leal que la de él, ya que no había cumplido con la promesa de concederle a su tercer hijo por esposo.

Tamar esperaba mellizos. Al nacer recibieron el nombre de Fares y Zera.

Para reflexionar

Según nuestra perspectiva, no calificaríamos de justa la actitud de Tamar. contexto en que ella vivió es tan diferente del nuestro que nos cuesta mucho entender su forma de actuar y de pensar, como así también las tradiciones arraigadas en aquellos días.

Aunque si comparamos su conducta con la de Judá seguramente veremos que ella actuó de manera más leal. Él, luego de engañar a su padre con la desaparición de José, se alejó de su familia, se casó con una cananea que no conocía al Dios de sus padres y con costumbres muy diferentes, aspectos fundamentales para las familias de ese tiempo. Además de no cumplir con la tradición de darle su hijo vivo a la nuera viuda (costumbre que protegía tanto a la mujer como al honor del fallecido), contrata los servicios de una supuesta prostituta y luego ordena que maten en la hoguera a la mujer.

Podríamos decir que ninguno de los dos es un dechado de virtudes. Sin embargo, lo extraño de la historia es que ambos han sido incluidos en la genealogía de Jesús que relata el Evangelio de Mateo.[2] Esto nos revela que Dios no espera contar con seres perfectos para cumplir sus planes.

Por otro lado, es de destacar la valentía de esta mujer en una cultura tan patriarcal como en la que ella vivía. En tiempos en que una viuda se encontraba totalmente desprotegida al no contar con el sostén económico que podía otorgarle un varón, ella se atrevió a luchar por algo que le correspondía por derecho.

En nuestros días muchas mujeres levantan su voz a favor de lo que les corresponde. Sin embargo, no faltan aquellas personas que las

---

2   Mateo 1.3.

miran con desdén por considerar su conducta como fuera de lugar o las estigmatizan como «locas» porque no aceptan el papel tradicional de sumisión y aceptación que se espera de ellas.

- ¿Qué derechos te parece que aún se les niegan a las mujeres en el lugar donde vives?
- ¿De qué manera las mujeres se animan a levantar su voz para hacerse respetar?
- ¿Consideras que su conducta está fuera de lugar o es reprochable? ¿Por qué?
- ¿Cómo te parece que la iglesia podría colaborar por una lucha justa a favor de los derechos de las mujeres y de otras personas marginadas o desfavorecidas por la sociedad?

Capítulo 6

Mujeres que desafiaron a un imperio

Éxodo 1–2

Jocabed estaba moliendo el grano. La piedra superior del molino manual daba vueltas en derredor de un pivote de madera ubicado en el centro de la piedra que estaba por debajo. El agujero de arriba, como un embudo, recibía los granos que se trituraban en finas partículas. La harina obtenida era recogida en un cuero colocado junto al molino. Como esta era una tarea que realizaban las mujeres de la casa, a veces la ayudaba Miriam,[1] su hija.

Mientras las manos diestras de Jocabed jalaban y empujaban la manija que ejercía presión de una piedra sobre otra, de vez en cuando desviaba sus ojos para contemplar cómo jugaba el pequeño Aarón. Lo veía correr por los verdes pastizales donde rumiaban algunas ovejas. A lo lejos se alzaban las impresionantes pirámides, orgullo de la superpotencia egipcia. Cada día, al contemplarlas, los sentimientos se disparaban en alocada confusión. Por un lado, era imposible no admirar su esplendor, su imponencia, la exactitud de su construcción. Por otro, eran un manifiesto testimonio de la tiranía a la que el pueblo hebreo, su pueblo, estaba sometido.

Pero ese día, Jocabed se alarmó ante la invasión de un extraño pensamiento. ¿Cuánto hacía que no menstruaba? ¡No podía ser! Estar embarazada en las dos oportunidades anteriores había sido muy placentero, pero esta vez no. El faraón, ante la explosión demográfica

---

[1] Números 26.59. Algunas versiones de la Biblia traducen el nombre Miriam como María.

del pueblo judío, había planificado su exterminio. Primero, había tomado medidas opresivas contra los hombres que, en su gran mayoría, eran fabricantes de ladrillo. Pensaba que si estos llegaban exhaustos a sus hogares no tendrían energías para engendrar hijos. Sin embargo, el tormento laboral que agotaba las fuerzas físicas y anímicas de los varones se aliviaba entre las caricias de sus esposas y, creyendo aun en la vida y en el futuro, traían más hijos al mundo. La población continuaba multiplicándose de manera incontrolable.

Al ver que sus estrategias no habían dado el resultado esperado, el gobernante llamó a Sifrá y Fuvá, las parteras que asistían a las madres hebreas. La orden era terminante. Apenas naciera la criatura deberían proceder con diligencia: si era varón, había que matarlo. Las comadronas, que confiaban en el Dios de la vida, se atrevieron a desafiar la orden imperial. Por esta razón fueron sentenciadas a comparecer ante la corte del monarca. Se excusaron diciendo que las hebreas parían antes de que ellas llegaran a atenderlas. La población extranjera se incrementaba cada día y, de esa manera, el temor de los poderosos se tornaba desesperante.

Nuevamente la política egipcia había sido burlada. Esto hizo que las medidas de exterminio se volvieran más drásticas. Esta vez se dictaminó que todo varón hebreo que naciera debía ser arrojado al río Nilo, la mayor corriente de agua de todo el continente africano. Su caudal había sido un elemento fundamental para el florecimiento de la civilización, y esta vez debía poner freno a un pueblo que amenazaba su integridad.

Como Jocabed conocía la noticia nefasta, al comprobar la falta de su menstruación sintió un escalofrío en todo el cuerpo. Se horrorizó ante la idea de cobijar un hijo en su vientre que terminaría alimentando las aguas del Nilo, ese río que desplegaba sus virtudes por miles de kilómetros y que acrecentaba las ínfulas de todo Egipto.

Al confirmar su preñez, su clamor constante era que fuese niña. Sin embargo, la intuición de madre le confirmaba que ese hijo que sentía tan fuerte dentro suyo era un varón. ¿Qué posibilidades tendría de salvar a su criatura? Jocabed hizo lo que se hace cuando no hay nada más por hacer. Todos esos meses transcurrieron entre plegarias. Su corazón temeroso, que presentía tener que entregar a esa criatura que se entretejía en sus entrañas, la desgarraba y le quitaba el aliento. Cada día le pesaba más el vientre y la angustia.

Y llegó el día del parto, y con él la sentencia de muerte. En cualquier momento su hijo sería descubierto. Debía esconderlo. Lo intentaría, pero ¿por cuánto tiempo esto sería posible? Menos mal que no tenía vecinos muy cerca que pudiesen atestiguar el llanto del pequeño, pero cuando este comenzara a crecer, el veredicto sería inapelable. Faraón no quería que nacieran varones hebreos. Les temía. Podían rebelarse y destruirlo. Aarón se había salvado porque la orden había sido dada con posterioridad a su nacimiento. Las mujeres no corrían peligro, siempre eran útiles: ya fuera como esclavas o como objeto sexual con los cuales saciar los deseos carnales del imperio.

Mientras amamantaba a su hijo, Jocabed lo contemplaba extasiada. ¡Era tan bello! Esos ojos pícaros, esa piel tersa y suave que sus manos ásperas acariciaban con delicadeza, la boca que succionaba con fuerza la leche tibia. Las lágrimas corrían por las mejillas de la madre que apretaba al niño contra su pecho con desesperación. Un día una idea encendió su mirada y le recorrió el cuerpo entumecido por la tristeza. Dejó al pequeño y le pidió a su hija que lo cuidara. Salió corriendo hacia las orillas del río y cortó un buen manojo de tallos de papiro. Al regresar a su casa los entretejió formando una canastilla. La dejó secar durante varios días y luego la embadurnó con una sustancia viscosa y oscura que ya por esos tiempos se utilizaba para impermeabilizar superficies. Mientras trabajaba afanosa en esta construcción, miles de preguntas se asomaban a su mente. ¿Estaría delirando? ¿Qué sentido tenía esto? ¿Podría salvar a su hijo? ¿Y después qué? Sin duda lo perdería para siempre. Pero, entre medio de tantos interrogantes, un susurro apasionado le insuflaba un coraje que antes no tenía. Su marido y sus hijos la contemplaban con dolor, intuyendo que se aproximaban días muy oscuros.

Jocabed supo que había llegado el momento. Tomó a su hijo, lo impregnó de caricias y besos, elevó una última plegaria, y lo colocó en la cesta. Se dirigió al río. Miriam la seguía. Al llegar a la orilla, colocó la diminuta embarcación en el agua, entre los juncos. Arrojó un beso con la mano y dio media vuelta con los ojos inundados de lágrimas. Su hija no quería despedirse del hermano abandonado a las aguas del Nilo, y se quedó observando hacia dónde pensaba que lo llevaría la corriente. De pronto se dio cuenta que no estaba sola y corrió a esconderse. La hija del faraón descendía a bañarse acompañada por sus criadas.

La princesa divisó la canasta y le pareció escuchar un ruido extraño. Envió a una de sus doncellas. Al abrir la tapa de la cesta, se encontró con un niño que lloraba. El vaivén de las aguas ya no era suficiente para calmar su apetito. Las suaves manos de la mujer, perfumadas con ricos ungüentos, le acariciaron el rostro. Una ternura desconocida la hizo sentir madre, pero sus pechos estaban secos y desabridos. Miró a sus criadas, todas estaban en la misma situación. ¿Quién podría amamantar al bebé?

Miriam, iluminada por una idea repentina se dejó ver y anunció que ella conocía una nodriza para criar al niño. La princesa ordenó que fuera a buscarla de inmediato.

La muchacha llegó jadeante y sofocada a su casa. Jocabed la miró preocupada.

—¡Mamá, ven! ¡Tienes que amamantar al bebé!

Jocabed salió corriendo sin entender. El solo hecho de escuchar la palabra «bebé» la llenó de esperanza. Con cada paso su corazón latía con más energía. Al llegar al Nilo vio a la princesa egipcia, rodeada de sus doncellas, con su hijo en brazos. Lo primero que pensó fue en arrebatárselo. Pero esta idea se desvaneció cuando escuchó una voz que vibraba con elegancia:

—Esa muchacha me dijo que usted puede criar a este niño. Por favor, llévelo, aliméntelo, yo le pagaré por hacerlo.

—Sí, señora, lo haré con gusto.

Jocabed tuvo que bajar el rostro para disimular su alegría y emoción. Tomó al niño, quien al oler su piel sudorosa y perfumada de amor dejó de llorar. Su corazón latía agradecida a Dios por cómo había guiado todas las cosas. No solo su hijo se había salvado de la muerte, sino que ahora tenía permiso para vivir, porque la misma hija del rey lo adoptaría como hijo propio.

El camino a casa fue corto. Madre e hija reían y lagrimeaban. No podía ser cierto lo que estaban viviendo. Miriam llevaba la canastita vacía y Jocabed mecía a su hijo, lo sacudía en el aire, le arrancaba sonrisas y grititos de felicidad.

Durante los años que esta mujer amamantó a su hijo, seguramente le habló del Dios de la historia, que amaba a su pueblo y que un día vendría a liberarlos.

Moisés[2] recibía estas verdades en su corazón hasta que llegó el momento de vivir como príncipe en el palacio de Egipto. Una verdad que se grabó a fuego en su memoria fue saber que un grupo de mujeres pobres, marginadas, oprimidas, pero también muy valientes, apasionadas y atrevidas lograron desbaratar los planes siniestros del hombre más poderoso del momento.

Para reflexionar

Sifrá, Fuvá, Jocabed, Miriam, la hija del Faraón, de la cual no sabemos su nombre y unas sirvientas anónimas que se hicieron cómplices, cada una desde su lugar, por iniciativa propia, decidió enfrentarse a las indiscutibles órdenes del gobierno. Estas mujeres, a las cuales se las creía totalmente inofensivas y por eso se las dejaba vivir, fueron las que permitieron que Moisés, el futuro libertador del pueblo, siguiera con vida, creciera, se educara en las mejores cátedras de Egipto, y llegara a conocer mejor que nadie al enemigo que tendría que enfrentar.

Cada una de ellas, arriesgándolo todo, opusieron resistencia a los propósitos de su gobernante, se solidarizaron con el pueblo oprimido, haciendo alianza con las mujeres que eran «fuertes» y, en complot con ellas, desobedecieron la ley oficial para acogerse al Dios de la vida, así no fuera el Dios de su pueblo. Y es que las mujeres, cuando sentimos que algo nos enciende el corazón, no pensamos en los obstáculos capaces de apagar la fuerza desbordante que nos motiva. No comparamos nuestras debilidades con la poderosa mano que nos cierra el camino de nuestros afectos, de nuestros deseos.

Esto me recuerda el refrán que dice «La mano que mece la cuna es la mano que gobierna el mundo». No hay rol pequeño para una mujer. Por más oculto que parezca el lugar en que esté, el trabajo que realiza siempre puede gestar vida, y ser portadora de esperanza, amor y paz.

Y, ¡qué maravilla recordar que Dios se hizo hombre en el vientre de una mujer, se amamantó de sus pechos, durmió en sus brazos, fue educado por ella!

---

2 El nombre Moisés significa «sacado de las aguas».

- ¿Qué factores influyen para que muchas mujeres sientan que sus vidas son inútiles, sin sentido, que no pueden influir en la sociedad?
- ¿Qué podrías hacer desde tu lugar para que las mujeres se fortalezcan y se sientan protagonistas de sus vidas, luchadoras a favor de la justicia y la paz en la vida actual?
- ¿Conoces mujeres que, a pesar de sus limitaciones, se atreven a vivir la vida con valentía y pasión? ¿Cómo te parece que lo logran?
- ¿Qué desafíos te está presentando la vida en estos momentos? ¿De qué manera la actitud de estas mujeres es un ejemplo que puede alentarte?

Capítulo 7

Miriam, la función de una mujer en los orígenes de una nación

Éxodo 15.19-21; Números 12

¿Habrá podido Miriam olvidar alguna vez la emoción de aquel día en que Dios la envalentonó para decirle a la princesa de Egipto que su madre podía criar a su hermanito bebé? De cierta manera, ella tal vez sintió que había sido la heroína de la historia en la que despojó al pequeño Moisés de los brazos de aquella mujer de la nobleza y lo retornó a su hogar. Sin duda desde ese momento intuyó que el niño estaría destinado para algo grande en la vida.

Había sido tan grato verlo gatear, caminar, correr por la casa, trepar a los brazos de la madre y alimentarse de sus generosos pechos. Hasta que llegó el día en que hubo que llevarlo al palacio para que allí fuera criado como un verdadero príncipe egipcio.

Si bien ese momento fue duro, todos pensaron que aquella era una oportunidad especial que Dios le brindaba a Moisés, a quien había salvado del exterminio, para ser criado en la misma corte que había planeado su muerte.

Pasó el tiempo y el texto sagrado guarda absoluto silencio sobre la vida de la joven Miriam que se convirtió en mujer. No sabemos qué fue de ella, cómo vivió cada uno de sus días. Tal vez a la espera de que Dios liberara a su pueblo, tal vez bajo la mirada de los demás que no dejaban de comparar su suerte con la de su hermano en el palacio. Tal vez sintiéndose satisfecha, tal vez llena de envidia. Tal vez cargada de hijos, o tal vez en soledad. Todo lo que podamos decir de ella será mero fruto de nuestra imaginación.

Pero luego de muchísimos años, cuando las esperanzas se habían dormido, llegó el gran día de la salida de Egipto. ¡Cuántas emociones encontradas! Todo aquello era muy difícil de creer.

Y luego de cruzar el Mar Rojo, Miriam entró en escena.

Todo el pueblo y ella estaban absortos ante lo que contemplaban. Veían cómo el Señor había desplegado su inmenso poder en contra de los egipcios y ahora, sus enemigos de siglos que tanto los habían explotado, eran solo un recuerdo. Entonces temieron al Señor, creyeron en todo lo que él les había dicho y se convencieron de que Moisés había sido el líder elegido para esa gran liberación.

Moisés y el pueblo entonaron un cántico en honor al Señor. Era un momento estremecedor, como nunca nadie había vivido hasta entonces. La gente se abrazaba. Algunos se postraban en señal de adoración. Otros lloraban.

De pronto, Miriam, a pesar de la lentitud propia de sus años, pareció emerger de las sombras, renovar sus energías, desempolvar sus sueños. Tomó un pandero y todas las mujeres la siguieron tocando otros panderos y danzando. Miriam las dirigía cantando a toda voz:

> Canten al Señor, que se ha coronado de triunfo
> arrojando al mar caballo y jinetes.

En un clima festivo de celebración por la victoria obtenida, se inició un desfile rítmico en donde los cuerpos comenzaron a moverse al compás de la percusión. Pareciera que sólo las mujeres seguían a esta anciana en su expresión de júbilo. Sin embargo, esta iniciativa no fue reprendida por ningún varón. Esto nos hace pensar que seguramente había cierta permisividad para iniciativas femeninas.

Miriam, quien había rescatado al pequeño emancipador del pueblo, ahora se levantaba como profetisa, animando a la fe, encendiendo la confianza en el Señor.

Comenzó la larga travesía por el desierto. Se presentaron multitud de inconvenientes. Pero Miriam, junto a Moisés y su hermano Aarón eran quienes lideraban al pueblo[1] en ese deambular desconocido, lento, dependiendo solo de las indicaciones divinas.

---

[1] En Miqueas 6.4 se menciona a los tres hermanos, a quienes Dios envió como dirigentes del pueblo.

Sin embargo, a pesar de sus dones y del reconocimiento que tenía por parte del pueblo, como cualquier siervo del Señor, Miriam también atravesó un tiempo difícil e influyó negativamente en su hermano Aarón. Ambos empezaron a murmurar porque no estaban conformes de que Moisés se hubiese casado con una mujer extranjera. Aunque, en realidad, teniendo en cuenta como sigue la historia, entendemos que el problema era otro. Ambos estaban celosos de la relación que su hermano tenía con el Señor. Uno al otro expresaba su queja que poco a poco se iba acrecentando:

—¿Acaso solo por medio de Moisés ha hablado el Señor? ¿No ha hablado también por medio de nosotros?

Si bien Moisés seguramente los notaba cabizbajos y con mirada esquiva, no sabía lo que ellos comentaban en secreto. Pero Dios, que tiene un oído capaz de escuchar al mismo silencio, prestó atención a sus murmuraciones.

Y claro, Dios no veía a Moisés con los mismos ojos que sus hermanos. Y eso lo demuestra el texto bíblico al afirmar que Moisés era muy humilde, más humilde que cualquier otro sobre la tierra. Y así fue como el Señor tomó cartas en el asunto, y ordenó:

—Salgan los tres de la tienda de reunión.

Y los tres salieron. Entonces el Señor descendió en una columna de nube y se detuvo a la entrada de la tienda. La atmósfera se percibía tensa. Algo fuera de rutina estaba por suceder. El Señor llamó a Aarón y a Miriam y, cuando ambos se acercaron temerosos, el Señor dijo:

—Escuchen lo que voy a decirles: Cuando un profeta del Señor se levanta entre ustedes, yo le hablo en visiones y me revelo a él en sueños. Pero esto no ocurre así con mi siervo Moisés, porque en toda mi casa es de mi confianza. Con él hablo cara a cara, claramente y sin enigmas. Él contempla la imagen del Señor. ¿Cómo no tienen miedo de murmurar contra mi siervo Moisés?

Pero las palabras no bastaron para que Dios se desahogara. Y la ira del Señor se encendió contra ellos y se alejó. Tan pronto como la nube se apartó de la tienda, Miriam vio que su piel se había puesto blanca. Aarón la miró y se espantó al contemplarla. A pesar de sus pocos conocimientos médicos, entendía que esa era una enfermedad infecciosa, incurable en aquel tiempo incurable. Entonces con desesperación le habló a Moisés:

—Te suplico, mi señor, que no nos tomes en cuenta este pecado que hemos cometido tan neciamente. No la dejes como un niño que ha sido abortado, que sale del vientre con el cuerpo medio deshecho.

Moisés, sin ningún tipo de rencor, le rogó al Señor:

—¡Oh Dios, te ruego que la sanes!

Entonces el Señor disminuyó su castigo y ordenó que fuera aislada tan solo por siete días fuera del campamento, en cambio de toda una vida. Luego de ese tiempo, se sanaría y se reincorporaría a la comunidad. El pueblo, que tanto la quería y respetaba, no se puso en marcha hasta que ella se reintegró restablecida.

Para reflexionar

Es notable que, en tiempos tan remotos, una mujer anciana haya jugado un papel tan importante en el pueblo de Dios. Se la considera como una lideresa de su pueblo, como profetisa, ministra de alabanza. Sin duda desempeñaba una misión muy importante, especialmente entre las mujeres.

Pero también, como cualquier siervo de Dios, estaba propensa a dejarse enredar por emociones enfermizas, como la envidia y el resentimiento.

Nos resultan oportunos los consejos del apóstol Pablo, que tenía gran experiencia en ataques que otros le ocasionaban por envidias o celos:

> Háganlo todo sin quejas ni contiendas, para que sean intachables y puros, hijos de Dios sin culpa en medio de una generación torcida y depravada. En ella ustedes brillan como estrellas en el mundo, manteniendo en alto la palabra de vida. (Filipenses 2.14-16)

Es frecuente que las mujeres en la iglesia sean relegadas por otras personas, especialmente varones. Y esto produce muchísimo dolor y ocasiona heridas difíciles de curar. Además, suele ocurrir que la envidia de algunas hacia otras que juegan un papel más visible comience a generar divisiones y malos entendidos.

Esta experiencia de Miriam nos hace pensar en dos aspectos muy importantes para la comunidad de fe.

En primer lugar, desde los orígenes mismos del pueblo de Israel, cuando se estaba gestando como nación, una mujer jugó un papel notable, según los dones que Dios le había concedido.

Y, en segundo lugar, ¡mujer, no permitas que la envidia o los celos te dañen al ver que muchas veces no eres tenida en cuenta! El Señor sabe todas las cosas y a su tiempo te dará oportunidades para que puedas servirle como tanto deseas.[2]

- ¿Qué pensarían muchas comunidades de fe en la actualidad respecto al papel que jugó Miriam en los orígenes del pueblo?
- ¿Has experimentado angustia, envidia, celos al ver que otras personas, especialmente varones, desempeñan tareas que tú podrías realizar eficientemente? ¿Conoces mujeres que lo han vivido?
- ¿De qué manera la vida de Miriam podría ayudar a las mujeres en la iglesia el día de hoy?

---

[2] Salmo 37.4-7.

Capítulo 8

Rajab, elegida por Dios a pesar de sus antecedentes

Josué 2; 6.17-25; Hebreos 11.31

Jericó era una ciudad donde abundaban los manantiales, ubicada sobre una llanura rica y extensa. La tierra era fértil ya que estaba muy próxima al río Jordán. Sus antiquísimas murallas, que eran motivo de frecuentes reconstrucciones, la hacían parecer una ciudad inexpugnable.

Cada vez que Rajab se paseaba por las calles sentía que todas las miradas recorrían de arriba a abajo su porte sensual. Las mujeres lo hacían con desprecio y rechazo, y los varones, con lujuria.

Había comenzado a vender su cuerpo siendo casi una niña, soñando con que aquello sería algo temporal y pasajero. Pero, cada día, con cada cliente, se reconocía más cautiva y tiranizada por su condición, mientras que sus ilusiones de libertad se esfumaban. Cuando empezó a ejercer su profesión como prostituta, pensaba que podría separar su trabajo de su vida íntima. El tiempo le fue mostrando que negociar con su cuerpo iba dejando huellas en su intimidad. Cada vez sentía más resentimiento hacia la vida que la había hecho mujer.

Sentía que toda ella apestaba a hombre. Aunque había llegado a controlar la repulsión que le provocaban los varones grotescos, brutales, grasientos, toscos, torpes, déspotas, arrogantes, parecía que el hedor había impregnado su piel tersa, testigo de los interminables contactos con cuerpos sedientos de placer.

Un día, como cualquier otro, al límite de sus fuerzas, llegaron dos extranjeros a su casa. No pudo dejar de temer el ultraje que podrían ocasionarle. Pero esa visita fue diferente a todas las demás. Se sentaron, manteniendo distancia, y comenzaron a interrogarla. Parecían muy interesados por la ciudad, sus pobladores, sus rutinas, sus horarios, sus fortalezas, sus debilidades, cómo se defendían de los enemigos. Por primera vez en su vida Rajab dialogaba con varones que escuchaban con respeto sus opiniones. Les explicó que Jericó, conocida como la Ciudad de las Palmeras, era epicentro de una intensa actividad comercial. De allí partían y hacía allí llegaban caravanas que transportaban las más variadas mercancías. Los lugareños efectuaban ofrendas al dios Moloc. Por él practicaban ritos abominables y hasta ofrendaban niños a las llamas.

Por un buen rato conversaron sobre diferentes temas. Si alguien conocía a Jericó, a sus hombres y sus puntos vulnerables, esa persona era Rajab. Por esta razón, estos visitantes que no eran ni más ni menos que espías provenientes del pueblo de Israel, habían llegado hasta su casa.

Desde su posición estratégica, Rajab expresó el terror que se cernía sobre las mentes de los lugareños y que poco a poco iba menguando sus fuerzas. Por toda la región se había viralizado la alarmante noticia de que el pueblo de Israel, conducido por Dios, estaba próximo a irrumpir en tierra cananea.

De repente, en medio de tan interesante conversación, se escucharon ruidos que poco a poco sonaban más cerca de la vivienda. Rápidamente pidió a sus huéspedes que se escondieran y luego abrió la puerta. Eran mensajeros del rey que habían recibido el informe de la llegada de dos extranjeros. Pedían a la mujer que los entregara. Pero ella, tan acostumbrada a tratar con varones, se había vuelto muy astuta en cómo manipularlos. Sin reparos explicó que, si bien habían estado en su casa, luego de satisfacer plenamente sus apetitos, se habían marchado cuando aún el sol brillaba en todo su esplendor. Los guardias convencidos de su respuesta, por el conocimiento íntimo que tenían de sus encantos, salieron en búsqueda de los desconocidos.

Rajab, convencida de que Dios daría la victoria a su pueblo, e intuyendo que valía la pena correr el mayor riesgo de su vida, sin pensarlo más tomó una decisión. Buscó un grueso cordón rojo, lo ató con fuerza a la ventana de su casa construida sobre la muralla de Jericó y propuso a los espías descender sujetándose del mismo. Así podrían huir sin ser vistos por los guardias reales, escabulléndose en la densa oscuridad. Pero, antes de que los hombres emprendieran la retirada, la mujer les pasó la factura por su eficaz servicio secreto de información. Les exigió:

—¡Júrenme que el día en que Dios les dé la victoria sobre esta ciudad, ustedes salvarán mi vida y la de toda mi familia!

Los hombres dieron su palabra con la condición de que ella dejara el cordón señalizando la vivienda y de que allí estuvieran alojadas todas las personas que debían ser rescatadas en el momento de la destrucción.

En el transcurso de los siguientes días, Rajab iba informando a sus familiares del pacto que había establecido con los espías. Al principio, muchos de ellos no le creían. Pero, al ver el inusual entusiasmo de la muchacha, y a medida que la situación se iba agravando, se comprometieron a apoyarla incondicionalmente en esta aventura clandestina.

Mientras tanto, la mujer seguía ejerciendo su profesión rutinaria, aunque, en realidad, ya nada era igual. Sus pensamientos, sus emociones, sus energías estaban muy lejos de Jericó. Sabía que el pueblo de Dios, el que pronto sería su pueblo, estaba muy cerca de allí. Y si bien le preocupaba el cruce del Jordán, que en esa época solía estar muy crecido y desbordado, recordaba cómo Dios los había liberado del imperio egipcio, así que no había dudas de que este río no les presentaría resistencia. Poco a poco se iba preparando para la partida. Y no podía dejar de preguntarse ¿cómo se realizaría la conquista de la ciudad?

Cierta mañana, al asomarse por la ventana, se llevó una gran sorpresa. Un grupo de extranjeros armados encabezaban un largo desfile. Detrás de ellos un grupo que, por el atuendo parecían sacerdotes, transportaban cuernos de carneros en forma de trompetas. Estos parecían preceder un cofre muy valorado que, según lo que le habían dicho los espías, era el arca del pacto, que albergaba la misma presencia de Dios. Se estremeció al pensar que allí estaba el Dios de Israel, el que venía haciendo prodigios y guiando al pueblo desde hacía años. Más atrás había otros, y otros, y muchos más. De pronto las trompetas comenzaron a sonar. A Rajab se le erizó la piel. Pensaba que en instantes se produciría el desenlace tan deseado, pero no. Luego de que la multitud desfilara alrededor de la muralla, se retiró.

Al día siguiente sucedió exactamente lo mismo. Y así también por toda una semana. ¿Qué estaría sucediendo? ¿Por qué no atacarían de una vez? ¿Pensarían que no podrían hacerlo? ¿Los espías recordarían la promesa que le habían hecho? ¿Y si al ingresar a la ciudad, le dirían a los líderes que ella era una prostituta y luego se retractaban de lo que le habían asegurado?

El séptimo día se respiraba un aire pesado. Los pobladores de Jericó no soportaban más el estrés que estaban viviendo. Estaban encerrados en sus viviendas, pálidos, inapetentes, descompuestos. Este desfile diario de extranjeros, el sonido escalofriante y ensordecedor de las trompetas les había generado un terror desconocido. Todos percibían que una gran amenaza se cernía sobre la imponente ciudad.

La familia de Rajab se había concentrado en la casa que estaba en la muralla, hablaban por lo bajo para no levantar sospechas, se mantenían expectantes, controlando que el cordón rojo se mantuviera bien visible.

Como siempre se inició el desfile y las trompetas comenzaron a sonar. Pero esta vez fue diferente. Al finalizar el recorrido acostumbrado, los israelitas continuaron marchando alrededor de la ciudad. Al terminar la segunda vuelta, no se detuvieron. Y así, a ritmo lento pero perseverante, dieron siete vueltas completas. El ruido lúgubre y monótono de las trompetas comenzó a enloquecer a los pobladores.

De repente, el sonido de los instrumentos se opacó ante gritos ensordecedores, espeluznantes, aterradores. Todo Israel gritaba a voz en cuello alrededor de la ciudad. No había habitante que dejara de oírlo y experimentar en su cuerpo las vibraciones que producían. Se miraban horrorizados, desencajados. El lugar donde cada uno pisaba comenzó a perder estabilidad. Todo temblaba, se rajaban las paredes, el techo se venía abajo. De pronto, los gritos se tornaron inaudibles ante el estruendo atronador del derrumbe de las murallas. Alaridos desgarradores se confundían entre la densa nube de polvo. Se multiplicaban los gemidos, llantos. Pero no se veía nada. Todo era confusión.

Rajab temblaba. Buscó a cada uno de sus familiares. ¡Estaban todos! Se abrazaron y lloraron. ¿Qué sucedería ahora? La inexpugnable ciudad había caído como una indefensa torre de naipes.

El pueblo de Israel avanzó entre los escombros, destruyendo todo lo que encontraban. Los espías, que habían llevado a cabo la misión de exploración previa, salieron en rescate de Rajab y su familia. Durante el desfile realizado, su mirada se había concentrado en el cordón rojo que pendía de la ventana. Tenían bien identificado el lugar de encuentro con quien les había servido de informante.

Por lo general, los muros que rodeaban las ciudades antiguas caían hacia adentro. Jericó contaba con una doble empalizada. El interior cayó hacia adentro, no así el exterior que lo hizo completamente hacia afuera. Por lo que cuentan los historiadores, pareciera que la casa de Rajab se hallaba construida sobre el sector menos afectado por la destrucción. Una vez llevado a cabo el salvataje pactado, la ciudad comenzó a arder en llamas y todo su esplendor quedó hecho cenizas.

La mujer, sus padres y sus hermanos fueron recibidos en el pueblo de Israel. Había tantas cosas por conocer, costumbres, creencias nuevas. Poco a poco, la piel de la joven fue adquiriendo una nueva fragancia. Sus ojos recuperaron el brillo y el candor de años atrás. Su cuerpo y su mente fueron liberándose de las huellas que la habían atormentado durante años. Cada día la gracia de Dios la renovaba, la limpiaba, le daba un nuevo sentido a su vida.

Pasó el tiempo y, aunque parecía increíble, un hombre se enamoró de Rajab y le propuso casamiento. Así fue como se convirtió en esposa, en madre, en abuela, en bisabuela. Lo que ella nunca llegó a saber, eso pensamos, es que la persona más especial que nació en este mundo llegó a ser su descendiente. ¡Vaya sorpresa que nos llevamos cuando leemos la lista de antepasados de Jesús con que comienza el Nuevo Testamento![1] Junto a nombres importantes figura el de Rajab, una persona estigmatizada por su pueblo, pero valiosa para Dios, quien no tiene en cuenta los antecedentes de nadie.

Para reflexionar

La vida de Rajab es evidencia de lo que la gracia de Dios puede hacer en nuestras vidas imperfectas, marcadas por historias nefastas que nos han empequeñecido.

En Hebreos 11.31 se detalla que Rajab no fue destruida por razón de su fe, su convicción en ese Dios que puede intervenir y hacer nuevas todas las cosas. Ella no conocía demasiado a este Señor Todopoderoso

---

[1] Mateo 1.5.

y lleno de amor, pero se animó a confiar en él, se atrevió a jugarse la vida por él y por su pueblo. Y este tipo de personas, rotas pero confiadas, a Dios le resultan fascinantes. Y nunca las defrauda.

Este Dios, a quien le encanta hacer nuevas todas las cosas,[2] aún hoy anda buscando personas que se atrevan a seguirle, a creerle, a confiar en su amor, tan diferente de cualquier amor humano, de entregarse a su gracia que transforma y renueva.

- Si tuvieras que evaluar las posibilidades que Rajab tenía de vivir una mejor vida o un futuro más favorable, ¿qué condiciones te parece que jugarían a su favor y cuáles en su contra?
- ¿Existen aspectos de tu vida, o en la vida de alguien que conoces, que resulten muy difíciles de superar como, por ejemplo, alguna experiencia traumática, una historia de abusos, falta de estudios u oportunidades de progreso, frustraciones, decisiones equivocadas, familias enfermizas?
- ¿Cómo pueden influenciar esas experiencias en la construcción de una autoestima sana y en la manera en que se enfrenta la vida?
- ¿Si confías en la inexplicable gracia de Dios, de qué manera podría volverse una fuente de sanidad y liberación?

---

2 Apocalipsis 21.5; 2 Corintios 5.17.

Capítulo 9

Débora, una mujer valiente

Jueces 4–5

Débora sentía que sus entrañas se identificaban con su Dios y con su pueblo. Quizá su nombre, que en hebreo significa «abeja», tenía algo que ver con aquel sentimiento, ya que la promesa divina de habitar en una tierra donde fluían la leche y la miel se había concretado muchos años atrás.

Cada mañana, cuando el sol iniciaba su despliegue de colores sobre las montañas de Efraín, acariciaba con delicadeza la figura femenina que ya estaba allí, en su lugar predilecto entre Ramá y Betel, bajo la palmera que desde que ella tenía memoria esparcía una sombra generosa. Al llegar al lugar, lo primero que hacía era encomendar el día a su Creador, agradecer su fidelidad, entregar las angustias de su pueblo y escuchar con atención los susurros con los que Dios le hablaba. Débora era profetisa. Y cuando el día requería su intervención, se iniciaba el desfile de personas que venían a consultar la voluntad divina o a desahogar sus penas.

Eran tiempos muy difíciles. Si bien los israelitas fueron ocupando la tierra de Canaán poco a poco, muchos pueblos ya vivían allí. Sus costumbres eras distintas a las de los israelitas y se oponían al Dios de Israel. Es un tema complejo y difícil de entender para nuestras mentes modernas, pero Dios ordenó que los israelitas expulsaran a todos los pueblos que habitaban la tierra de Canaán. A pesar de las claras indicaciones que habían recibido, a veces por cobardía, otras por alianzas peligrosas entre vecinos, por intereses creados o por debilidad ante nuevas creencias que se infiltraban sutilmente, el pueblo no había cumplido con aquella difícil misión. Así fue como poco a poco la corrupción los asimilaba a ellos. Entonces los cananeos, los hititas, los amorreos, los ferezeos, los heveos y los jebuseos imponían su rigor. El pueblo desfallecía ante la opresión, se acordaban de Dios, clamaban con desesperación y surgía un nuevo caudillo que desperezaba la fe, la esperanza y el compromiso nacional.

Aod había sido un gran caudillo. Su liderazgo había sembrado la paz al desalojar a los moabitas de su territorio. Pero Aod había muerto y los israelitas volvieron a alejarse de Dios. Esta vez el yugo lo imponían los cananeos. Pasaban los años y la liberación no llegaba. Hasta parecía que el pueblo poco a poco se había acostumbrado a estar sujeto a su dominio. Por fin hubo personas que comenzaron a clamar a Dios. Pero esta vez la situación se presentaba más complicada que otras veces. El rey cananeo era Jabín, quien contaba con novecientos carros de hierro. Al frente de su ejército se encontraba Sísara, que ante los ojos de los israelitas era indestructible.

La tierra se estremecía ante el avance enemigo. Las aldeas eran saqueadas. Los habitantes huían buscando dónde esconderse para salvar la vida u ocultar lo poco que les quedaba. Pero nadie se atrevía a luchar ni a levantar un escudo ni una lanza. El terror se contagiaba como una epidemia paralizante y mortal.

Ante el clamor del pueblo, Dios buscó a alguien para que hiciera las veces de líder espiritual y militar. Al chequear los posibles candidatos se sintió desencantado. ¡Eran tantos los incrédulos y cobardes! En esas circunstancias tan amenazantes era necesaria una figura fuerte y aguerrida. ¿Quién podría estar a la altura de semejante situación? De pronto el Señor de la historia sonrió satisfecho: había encontrado a la persona ideal, la que encajaba en el perfil de caudillo que buscaba. Fue así como le presentó el desafío a Débora, y ella aceptó. Al principio algunos se miraban de reojo, sorprendidos, un poco desilusionados. ¿Podría esta mujer enfrentar a un ejército armado? ¿Qué diría o qué haría Lapidot, su marido? ¿Toleraría que su esposa fuese quien gobernara el país o tuviera que alejarse de su casa para llevar a cabo alguna misión o que simplemente descuidara las tareas hogareñas para dedicarse a interceder por el pueblo ante Dios y por Dios ante el pueblo?

Para Débora el llamado de Dios no podía cuestionarse. Se levantó de inmediato y desde ese día todos la llamaron «la madre de Israel».

Por esta razón «sus hijos» acudían a ella cargados de pesares y temores. Los escuchaba, los consolaba, los animaba en su fe, oraba con ellos, los orientaba.

Pero llegó el día en que Débora sintió que sus fuerzas flaqueaban. Había llegado la hora de ejercer violencia, de tomar las pocas armas desvencijadas para enfrentarse a los carros armados comandados por Sísara. Comprendía que su amor, su devoción, su espiritualidad, sus consejos prácticos para la vida no le alcanzaban para ir a la guerra. Por eso llamó a Barac. Cuando el hombre llegó hasta la sombra de la palmera, ella pronunció con autoridad:

—El Señor, Dios de Israel, te ordena: reúne en el monte Tabor a diez mil guerreros. Yo haré que Sísara, comandante del ejército de Jabín vaya al río Cisón junto con sus carros de combate y sus guerreros. Allí te daré la victoria sobre él.

Barac le dijo:

—Yo iré, pero sólo si tú vienes conmigo. Si tú no vas, yo no iré.

Débora sintió que, a pesar del calor sofocante, un frío le recorrió el cuerpo. Detestaba la violencia. Pero el mandato de Dios era claro. Había que exterminar a quienes diezmaban a su pueblo, no solo quitando vidas sino arrebatándoles la fe en el Señor de la historia y plagando la tierra con costumbres viciosas y obscenas. Por su mente se proyectaron imágenes de guerra con todo su horror, aunque nunca la había presenciado. Pero una voz persistente en su interior la impulsaba una vez más a jugarse por una causa que no entendía del todo, pero que si venía del Altísimo sabía que debía ser obedecida. Con voz decidida pronunció:

—Muy bien, iré contigo. Pero la gloria de esta campaña que vas a emprender no será para ti, porque el Señor entregará a Sísara en manos de una mujer.

Barac no entendía muy bien de qué manera Débora podría cobrarse la vida de su enemigo. Ella podía brindarle apoyo espiritual y anímico, pero ¿qué era esto de que la victoria militar sería de una mujer? Las mujeres no escribían la historia, aunque sí apoyaban desde el anonimato a sus autores.

Débora y Barac emprendieron la no fácil tarea de reclutar soldados. Un ejército de diez mil hombres no se forma de la noche a la mañana. La presencia de «la madre del pueblo» los inspiraba, los desafiaba, los conmovía. A pesar del miedo se veían interpelados por la fe inquebrantable de esta mujer.

La milicia israelita se asentó en el monte Tabor. La noticia llegó a oídos de Sísara quien apresuró el avance de sus carros y soldados.

La claridad del alba se insinuaba y la brisa fresca parecía una caricia. Débora se acercó a Barac y le dijo:

—¡Adelante! Hoy el Señor entregará a Sísara en tus manos y él ya va delante de tus soldados.

El hombre sintió que una energía nueva le recorría el cuerpo y fortalecía sus músculos. Alertó a la tropa y con entusiasmo bajó por la ladera del monte Tabor secundado por diez mil valientes. Tal como lo había asegurado la profetisa, delante de ellos iba el Señor de los ejércitos sembrando el pánico entre los cananeos. Hasta el mismo Sísara se bajó del carro y huyó a pie temblando por un miedo atroz que nunca había experimentado en toda su carrera militar.

Mientras este hombre sanguinario huía como un niño asustado, llegó a la carpa de Jael. Según las costumbres de la época estaba prohibido que un hombre que no fuera el marido o el padre de una mujer entrara en su casa. Por esta razón, cuando Jael le invitó a ocultarse en la tienda, él pensó que había encontrado el lugar ideal. ¿Quién lo buscaría allí? Sísara se acomodó y arropó con las mantas que la mujer le acercó. En ese momento se dio cuenta de que la sed le quemaba la garganta. Había corrido varios kilómetros. Con mucha amabilidad ella destapó una vasija de leche recién ordeñada. Él bebió satisfecho y le preguntó:

—¿Cómo te llamas?

—Jael —contestó la mujer.

—¡Qué bien te sienta ese nombre! (Jael en hebreo significa «cabra montés»). Me has alimentado con una leche exquisita. Hazme el favor de permanecer a la puerta de la tienda, si alguna persona pregunta si hay alguien contigo dile que no.

Sísara por fin estaba tranquilo. Había logrado salvar su vida. El cansancio, la tibieza de la leche y la serenidad del lugar lo acunaron en un sueño fatal.

Jael, con prudencia y sigilo, tomó una estaca y un martillo. Con movimientos lentos pero seguros se acercó al hombre que dormía plácidamente y con las fuerzas que da la convicción le clavó la estaca en la sien con tanto ímpetu que no solo le atravesó el cráneo, sino que se incrustó en la tierra.

Al instante llegó Barac persiguiendo a su presa. La mujer salió a su encuentro y le dijo:

—Ven, te mostraré lo que buscas.

Barac quedó petrificado. Una mujer armada con implementos domésticos había destruido al gran guerrero que todos temían. En ese momento recordó las palabras de Débora. El soldado corrió a contarle la noticia a la profetisa. Esa tarde, bajo la sombra de la palmera, entonaron un canto de victoria y alabanza al Dios de la historia.[1]

Nuevamente Dios volvió a sonreír. La tierra que él le describió a su pueblo como un lugar donde abundaban la leche y la miel había sido salvada por «abeja» y «cabra montés». Por varias decenas de años hubo paz en Israel.

Débora se sintió satisfecha de ser mujer y, como tal, de jugar un papel tan importante en la historia de Dios. Pero, a la vez, ella sabía lo que era pasar desapercibida por el hecho de no ser varón. Por esta razón, no dejó de resaltar la acción de Jael, dándole a ella el mérito de la empresa, y llamándola «la más bendita entre las mujeres».[2]

Llaman la atención los comentarios que Débora imagina que hacen la madre de Sísara y sus nodrizas: «¿No será que han hallado botín y lo están repartiendo? A cada uno, una doncella o dos...». Estas palabras reflejan de qué manera eran consideradas las mujeres en esa época: simplemente eran mercancías que podían conquistarse, intercambiarse, hacer uso de ellas según los caprichos de quien las poseyera.

En ese contexto, la Biblia resalta las figuras de Débora y Jael. Gracias a su intervención hubo paz en la tierra de Israel durante cuarenta años.

Débora fue guía del pueblo en momentos difíciles, intuitiva, audaz, decidida, libre, e impartió esperanza a un pueblo que ya se sentía derrotado. Fue caudilla, ejerció autoridad con seguridad y firmeza. Fortaleció la organización y la unidad. Con humildad supo valorar a personas invisibilizadas. Habló en nombre del Señor, consciente de

---

[1] Jueces 5.

[2] Jueces 5.24. Esta expresión nos recuerda las palabras que Elisabet dice acerca de María en Lucas 1.42.

que Dios estaba cerca de su pueblo. Fue intermediaria e instrumento de Dios. Celebró la victoria del Señor con un cántico de la liberación del pueblo.

Para reflexionar

Aún hoy, si bien la mujer ocupa lugares en la sociedad que antes jamás se permitieron, la historia de Débora nos llama la atención. Su capacidad de liderar a nivel militar y espiritual no suelen ser dones que se den simultáneamente en una misma persona, y ni que hablar en una mujer.

- ¿Por qué te parece que Dios buscó a Débora para ejercer un liderazgo tan importante en una época en que las mujeres estaban tan marginadas? Intenta imaginar los comentarios de la época ante el papel que jugaba Débora. Piensa en la reacción de las otras mujeres, de los hombres, de los ancianos, de los enemigos.
- ¿Qué factores habrían influido y cuáles podrían haber hecho difícil la decisión de Débora de aceptar el desafío divino?
- ¿Qué misión piensas que Dios les encomienda a las mujeres en la construcción de su reino? ¿Cuál ha sido tradicionalmente la perspectiva de la iglesia en cuanto a esto? ¿Qué piensas al respecto?
- ¿Qué situaciones de tu entorno te preocupan, te molestan, te angustian, te desafían?
- ¿Has pensado que quizá Dios está esperando que juegues un papel activo ante esa realidad que te moviliza? ¿De qué maneras podrías intervenir?

Capítulo 10

Rut y Noemí, dos mujeres que se animaron a vencer prejuicios de la época

Rut 1–4

Noemí era oriunda de la aldea de Belén, ubicada muy cerca de Jerusalén. Allí había vivido con su esposo Elimelec y sus dos hijos, Majlón y Quilión, hasta que arreció una gran hambruna en la región. El nombre Belén significaba «casa del pan» y, enigmáticamente, era lo que en ese momento allí faltaba. A pesar de que ellos poseían tierras dentro del bendecido pueblo de Dios, decidieron abandonarlas para ir en busca de nuevos horizontes, nada más ni nada menos que en la despreciable Moab.[1] ¿Era una buena opción intentar salvarse solos antes que buscar una solución a la desgracia comunitaria que compartían con sus paisanos? Elimelec pensó que sí, aunque nadie entendió su decisión. Y así fue como el matrimonio y sus dos hijos emprendieron el viaje al país del dios Quemós. Pero las ilusiones de crecer económicamente, de tener un mejor futuro, se fueron escurriendo con el correr de los años. No era fácil vivir en un país que no solo los consideraba extranjeros, sino también enemigos, herejes, infiltrados. Estaban rodeados de miradas sospechosas, cargadas de malicia. Nunca pudieron sentirse realmente en casa.

---

[1] El pueblo de Moab tenía una relación complicada con los israelitas. Era una nación situada en el lado oriental del río Jordán. Poseía mesetas y llanuras fértiles que proporcionaban amplios recursos para la agricultura y la ganadería. Los moabitas eran descendientes de Lot, sobrino de Abraham. Y, aunque con los israelitas compartían un ancestro común, su relación se vio empañada por conflictos y alianzas perjudiciales.

Tiempo después la desgracia enlutó la vida de Noemí con la muerte prematura e inesperada de su esposo. La vida para una viuda era muy dura entonces, pero por suerte ya sus hijos estaban en edad de trabajar y ayudaron a su madre a sobrevivir en esta tierra extraña.

Cada año Noemí lamentaba más la decisión que habían tomado al alejarse de su pueblo y de su Dios. Las cosas se complicaron cuando los muchachos, ya hombres, se enamoraron de dos jóvenes del lugar con las que decidieron casarse. Las chicas eran moabitas y, por lo tanto, sus vidas estaban impregnadas de la cultura, valores éticos y religiosos de ese país. Noemí sentía que el corazón se le comprimía de dolor. Eso no era lo que ella había soñado para sus hijos. ¿Cómo criaría a sus nietos en un país pagano? ¿Cómo haría para transmitirle a su futura generación el amor del Dios de sus padres? Aunque a veces, en la soledad de la noche, Noemí llegaba a dudar del amor de Dios, otras veces, presentía que todo su malestar era fruto de las decisiones apresuradas e incrédulas del pasado.

Pero el amor fue más fuerte que sus sentimientos. Si bien no compartía la elección de sus hijos, no dudó en abrir las puertas de su casa y de su corazón a estas nueras que no se ajustaban al perfil que ella había esbozado en su imaginación. Decidió aceptarlas, recibirlas como hijas, mostrarles con humildad y cariño el amor de su Dios. Con el paso del tiempo, las jóvenes comenzaron a ver algo diferente en la vida de Noemí y de sus hijos: sus creencias en un Ser superior invisible, las leyes con que se regían privilegiando al pobre y desvalido, su capacidad de pensar en los demás. Se sentían muy cómodas entre ellos.

Cuando Noemí se estaba adaptando a las circunstancias, la tragedia visitó nuevamente el hogar de estos judíos. Se hizo presente en dos oportunidades siniestras, arrebatando la vida de los dos muchachos, sin respetar la fuerza y vigor de sus años. Noemí quedó devastada: sin esposo, sin hijos, sin nietos, sin medios de subsistencia, sin patria, sin raíces, sin familia. Solo le quedaban sus nueras, con las cuales no compartía totalmente ni su fe ni su cultura. Se sentía sola, incomprendida, vacía, desilusionada, amargada. Más de cien kilómetros la separaban de su tierra natal. En su condición de viuda ella carecía de posición social y no tenía ningún tipo de prerrogativa en ese lugar. ¿Qué podía hacer? ¿Quedarse a esperar la muerte en ese medio que le resultaba tan hostil y que a cada instante le recordaba sus infortunios, o aventurarse a un viaje muy largo a su tierra, a una fe compartida?

No lo pensó más, y una vez que tomó la decisión de partir, se la comunicó a sus nueras. Ellas decidieron acompañarlas, pero Noemí se negó.

Para las muchachas hasta aquí habían llegado sus sueños, sus planes, sus vidas. Ahora se les abría un abismo oscuro y enmarañado. Era hora de cortar con el pasado y empezar una vida nueva. Pero ¿cómo? El momento de hacer una elección había llegado. Pero ¿cuál? ¿Cómo no equivocarse? ¿Cómo no arrepentirse más adelante, cuando ya fuese demasiado tarde para desandar el camino elegido?

A pesar de todo lo que les decían los demás, emprendieron el viaje junto a Noemí. Pero la anciana tenía razón. Ellas tenían sus familias, su lozanía, su futuro. ¿Para qué seguirla? Allí donde se habían criado podrían encontrar un hombre que les diera un nuevo hogar, protección, hijos y sentido a sus vidas. Todos los que las conocían pensaban lo mismo. Allí estaban su tierra, sus amigos, sus dioses, sus afectos. Irse era exponerse al rechazo de un país enemigo, vivir siempre como extranjeras. Ser despreciadas.

Ante tanta insistencia, Orfa entró en razón y, luego de despedirse ahogada en llanto, desanduvo el trayecto recorrido y regresó a su casa paterna. Noemí advirtió a Rut que siguiera el ejemplo de su cuñada. Todo parecía indicar que ese era el camino correcto, el único camino para ella. Pero Rut ya había evaluado fríamente su situación. Sabía que cada decisión que tomara comprometía su futuro. ¿Qué criterio seguiría para construir su vida? ¿Su conveniencia personal? ¿Los consejos de sus amigos? ¿Las costumbres de sus vecinos? ¿La presión familiar? ¿Las circunstancias? ¿El temor al futuro? ¿El qué dirán? ¿La comodidad? ¿Sus caprichos? ¿Solo su bienestar?

Rut, antes de decidir adónde ir, había tomado otra decisión. Su conducta iba a estar regida por nuevos valores, por la fe en un Dios que veía reflejado en la dulzura de su suegra y, aunque lo conocía a medias, consideraba que valía la pena descubrirlo. Por otro lado, el amor que había experimentado junto a esta persona entrada en años, no le permitía abandonarla a su suerte recorriendo un viaje tan largo y difícil. Ni en este momento, ni nunca, podría abandonar a aquella mujer a su condición de viuda, anciana, sola. Consideró que basar sus decisiones en este principio humanitario, de consideración por los más débiles, era lo que más le convenía a su vida, a su futuro, que también se mostraba incierto. Era el único criterio válido para fundamentar su existencia. Por eso, nada ni nadie podría hacerle rescindir de lo que acababa de prometerle a su suegra:

—Iré adonde tú vayas, y viviré donde tú vivas. Tu pueblo será mi pueblo, y tu Dios será mi Dios. Moriré donde tú mueras y allí seré sepultada.

En esa época nadie osaba emprender un viaje solitario, ya que los caminos estaban atestados de peligros y la soledad los hacía aún más riesgosos. Generalmente se viajaba junto a un contingente que iba en la misma dirección. Pero ¿a quién se le ocurriría viajar de Moab a Israel?

Con un ligero equipaje, pocas provisiones y sin fortuna emprendieron la marcha. El viaje fue largo, difícil, extenuante. El sol abrasaba de día y el frío entumecía los pies y las manos por la noche. Cada día de aquella larga semana se sentía más el cansancio que se multiplicaba en el cuerpo con cada kilómetro recorrido. La comida y el agua resultaban escasas. El peligro acechaba a cada paso, ya sea al caminar por senderos pedregosos o resbaladizos, o por la posibilidad de enfrentarse con ladrones o animales hambrientos que deambulaban por la región.

A pesar de la costosa travesía, Noemí rejuvenecía a cada paso. Sentía que volvía a su casa, a su Dios, a su gente. Para Rut todo era diferente. A medida que se iban adentrando en la tierra de Israel el temor comenzaba a crecer en ella. ¿Qué haría en ese lugar? Todo le resultaría extraño y ella también sería una extraña para los demás. Era una época de inestabilidad política, gobernada por caudillos, y de inconsistencia moral en donde cada uno hacía lo que quería. No existían cánones que rigieran la buena convivencia y justicia social. ¿Qué seguridad le proporcionaría ese panorama? Además, los judíos rechazaban abiertamente a los moabitas. Se decía que ninguno de ellos podría tener cabida en sus asambleas por diez generaciones,[2] que era lo mismo que decir «nunca jamás». ¿Quién se dignaría a hablarle, a tratarla con respeto, a ser su amiga, a compartir vivencias? Era como ingresar a una maldición de por vida. Y cuando Noemí faltara,

---

[2] Deuteronomio 23.3.

¿qué haría ella sola en ese lugar? ¿Qué lograría siendo generosa con una pobre anciana a la cual no le quedaba mucho tiempo de vida? ¿Cómo no había seguido los pasos de Orfa? Seguramente ya estaría instalada con su familia, tranquila, con buena comida y con un futuro más o menos promisorio. Mientras todos estos pensamientos se agitaban en su mente, caminaban silenciosas en un trayecto que cada vez se hacía más duro y austero. Noemí también abrigaba serios temores con respecto a la suerte que correría Rut. Pero seguían avanzando a paso lento.

Por fin, a lo lejos, Noemí divisó Belén y su corazón comenzó a latir con una energía olvidada. Esos aromas de la infancia, esos paisajes de su juventud, esos campos cultivados, cuántos recuerdos aletargados comenzaron a aflorar dentro de ella. A medida que avanzaban, la gente comenzó a reconocer a Noemí, a pesar de que la tristeza había hecho estragos en su rostro y en su figura. Caminaron lentamente hasta la casa en que había vivido años atrás. Todo estaba cambiado, abandonado, desencajado, sucio y destruido. Había tanto trabajo por realizar. Todavía no se podía descansar. Había que acondicionar la vivienda y empezar a pensar cómo iban a sobrevivir. Sin embargo, a pesar de todo, era un tiempo ideal para comenzar una nueva vida. Eran tiempos de primavera y resurrección. Comenzaba la cosecha de la cebada y luego seguiría la del trigo.

Una vez acomodadas en la vivienda, Rut le pidió permiso a Noemí para ir al campo a recoger las espigas que otros fueran dejando. Era costumbre entre los judíos que lo que caía de manos de los recolectores debían dejarlo para que lo recogieran los más pobres, las viudas o los extranjeros. Ella reunía estas tres condiciones. Con mucha esperanza e inexperiencia al día siguiente partió rumbo a los campos listos para la siega. Las manos de la joven no estaban acostumbradas a la aspereza del trabajo agrícola, sin embargo, durante toda la jornada continuó de manera esforzada su labor.

Al mediodía llegó Booz, el dueño del lugar y le preguntó a Rut quién era, de dónde procedía. En Belén todos se conocían. La mujer sintió que el temor le recorría el cuerpo al ser descubierta, pero, sin fingimientos, dijo que era moabita, nuera de Noemí. El hombre, ya mayor, le dijo que podía continuar trabajando en ese campo sin necesidad de ir a otro lugar y exclamó:

—Ya me han contado todo lo que has hecho por tu suegra desde que murió tu esposo, cómo dejaste padre y madre, y la tierra donde naciste, y viniste a vivir con un pueblo que antes no conocías. ¡Que el Señor te recompense por lo que has hecho! Que el Señor, Dios de Israel, bajo cuyas alas has venido a refugiarte, te lo pague con creces.

De pronto los colores de su rostro se encendieron. Sintió que le volvía el alma al cuerpo. Tenía ganas de reír, de saltar, de gritar, de correr a los brazos de su suegra a contarle las palabras que había escuchado que, contrariamente a lo que ella había imaginado, sonaban a una bendición. Pero debía continuar su ardua tarea.

Booz dio órdenes a sus empleados para que la trataran con respeto y consideración. Y cuando se sirvió el almuerzo, participó de él junto a los otros segadores. Sentía que era casi uno de ellos.

Al atardecer, Rut llegó a casa extenuada pero feliz y cargada con una gran cantidad de cebada. Noemí la recibió gozosa. Comenzó a interrogarla, estaba muy intrigada sobre cómo la habían tratado. Rut le contó que el dueño del campo se llamaba Booz y que le había dado permiso para continuar recogiendo espigas en su propiedad. A la mañana temprano, a pesar del cansancio que aun experimentaban sus brazos, cintura, piernas y manos adoloridas, Rut emprendió el camino para comenzar nuevamente la labor. Esto fue así durante varias semanas hasta que terminó la cosecha de la cebada y del trigo.

Según las creencias del pueblo de Israel, Dios como dueño de toda la tierra, la adjudicaba a sus habitantes como si fueran ocupantes transitorios o inquilinos. No podían venderla, y si hipotecaban una porción de ella para pagar sus deudas, lo importante era recobrar la propiedad lo más pronto posible.[3] De esta manera, la tierra quedaba a cargo de la familia extendida como señal de que pertenecían a la comunidad. En el caso de que por razones económicas alguien hubiese tenido que hipotecar la finca, existía una figura legal, el pariente redentor, cuya misión era ayudar a recuperar las pérdidas. El responsable de este servicio recaía sobre el pariente más cercano. Pero la figura del redentor estaba relacionada en cierta manera con otra ley, la del levirato.[4] Esta pretendía que cuando un hombre moría sin

---

[3] Levítico 25:23-25.
[4] Deuteronomio 25:5-6.

dejar descendencia, un hermano del difunto o un familiar del mismo debía casarse con la viuda. El hijo de tal unión se consideraría hijo del finado y de esta manera heredaba sus bienes y perpetuaba su nombre.

Dentro de este marco de costumbres, es que a Noemí se le ocurrió una idea impensada. ¡Cómo había cambiado Noemí en tan poco tiempo! Ya no estaba atada al pasado, sino que comenzaba a hacer planes para el futuro. ¡Y qué planes! Instruyó a Rut en cuanto a cómo debía proceder para darle a entender a Booz que ella estaba dispuesta a que él se hiciera cargo de estas prácticas legales. Y le dijo:

—Tengo una propuesta muy interesante. Escúchame y sigue al pie de la letra todas mis instrucciones.

Rut se puso cómoda para no perder detalle de las palabras de Noemí:

—Como la cosecha ha terminado, esta tarde, después del calor del día, Booz con sus hombres se juntarán a aventar la cosecha. Esto consiste en utilizar una horquilla para sacudir al aire el grano trillado y así separarlo de la paja. Esta tarea se realiza hasta horas avanzadas y luego, los hombres duermen allí.

Rut abrió más grandes los ojos para ver si podía entender mejor lo que intentaba explicarle su suegra.

—Esta tarde te bañarás, te perfumarás, te pondrás hermosa, irás al campo y, cuando nadie te vea y todos se retiren a dormir, te acercarás a Booz y le dirás que él, como pariente cercano, es a quien le corresponde ser nuestro redentor y es el encargado de darle un hijo a tu difunto Majlón.

Rut abrió aún más grandes los ojos. No podía creer lo que escuchaba. ¿Qué le estaba pidiendo Noemí? Sintió que el calor le subía por el rostro y el pulso se le aceleraba. La voz de Noemí continuó animada pero segura, y como adivinando lo que la joven pensaba explicó:

—Booz es nuestro pariente cercano. Él sabe que eres una mujer honesta. Estas son nuestras costumbres. Él no va a pensar mal de ti, al contrario, se dará cuenta que quieres cumplir nuestras leyes y que por eso lo buscas a él y no a otro para que sea tu marido.

Luego de pensar un rato y sin entender mucho en qué nueva aventura se estaba metiendo dijo:

—Está bien, haré todo lo que me has dicho.

Inmediatamente Rut comenzó a buscar entre sus escasos vestidos aquel más nuevo, el que tanto le había gustado a Majlón. Se lo probó. Sin duda estaba más delgada. El dolor, la ansiedad, el trabajo arduo le habían arrebatado algunos kilos. Le quedaba un poco más holgado que antes, pero igual era muy bonito. Encontró ese perfume que tan pocas veces había usado y que la hacía sentir hermosa, joven, vital. Una vez que terminaron de almorzar comenzó con los preparativos. Debía ir al pozo a buscar agua para bañarse y esto llevaba su tiempo. Estaba ansiosa, pero se sentía en paz. Sabía que estaba actuando de acuerdo con lo establecido, con lo justo. Además, la veía tan feliz a Noemí que esto le impartía a ella muchas energías.

Cuando Noemí la vio, se sintió muy complacida. Estaba radiante. Ese vestido le sentaba muy bien, resaltaba su juventud. Su fragancia se esparció por la casa e invadió el ambiente con nuevas esperanzas. Rut, algo nerviosa preguntó:

—¿Cómo me veo?

Noemí no pudo responder porque se le hizo un nudo en la garganta. No pudo contener las lágrimas y corrió a abrazarla y darle su bendición. Rut se despidió cuando el sol estaba abandonando el horizonte. Debía apresurar el paso antes de que se hiciese de noche.

Siguió todas las instrucciones de Noemí, hasta que por fin pudo encontrarse a solas con Booz. Cuando la joven le comunicó sus deseos a su pariente, este se sintió complacido de que la oscuridad disimulara el rubor que se había adueñado de su rostro. La miró con detenimiento. En ese instante, ante la tenue luz de la luna como testigo, recién tomaba conciencia de lo bella y joven que era, sin dejar de notar en su mirada las penurias que aún se cobijaban en el fondo de su corazón. Booz no sabía qué contestar. Se sentía halagado. Obvio, no podía dejar de pensar que era moabita, y muchos podrían mirarlo con malos ojos si se casaba con ella. Pero, por otro lado, esta mujer estaba actuando como una verdadera judía; ¡cuánto amaba a su suegra, a su pueblo, a su Dios! Era tan dulce, tan servicial, tan trabajadora, tan fiel, tan considerada con los más desvalidos. Después de muchas cavilaciones y comprendiendo que debía contestar algo, que no podía permanecer en silencio, carraspeó, tragó saliva y, como buscando las palabras exactas, dijo:

—Que el Señor te bendiga, hija mía. Esta nueva muestra de lealtad[5] de tu parte supera la anterior, ya que no has ido en busca de hombres jóvenes. Y ahora, hija mía, no tengas miedo. Haré por ti todo lo que me pidas. Todo mi pueblo sabe que eres una mujer ejemplar. Pero, aunque es cierto que soy un pariente que puede redimirte, hay otro más cercano que yo. Mañana me encargaré de hablar con él para ver cuáles son sus intenciones.

Hablaron largo y tendido, hasta que a las primeras luces de la mañana Booz le aconsejó a Rut que se retirara para que nadie la viera y hablara mal de ella. Le dio un bolso con veinte kilos de cebada y la despidió diciéndole que confiara en él, que se quedara tranquila, que él iba a resolver todo.

Rut sentía que su corazón iba más rápido que sus pasos. No veía el momento de abrazar a Noemí para contarle todo. ¿Era cierto todo lo que estaba viviendo o era una fantasía de una noche mal dormida? ¿Podía ser verdad que ella, una viuda moabita pobre, estuviese a un paso de cambiar su suerte? ¿Era Dios tan bueno con ella? A medida que se acercaba a su casa, se sentía más convencida de que el día en que había decidido jugarse la vida por su suegra, por su pueblo y por su Dios, había escogido la opción correcta.

Booz estaba ansioso. Lo antes posible tenía que hablar con su pariente. Fue a la puerta de la ciudad, el lugar donde se hacían los acuerdos comerciales y legales, y donde siempre había testigos disponibles. A los pocos minutos llegó el hombre que Booz esperaba. En instantes se definiría su futuro. ¿La joven y hermosa Rut sería su esposa o la perdería para siempre? Intentó tranquilizarse y encaró a su presunto rival. Le explicó que era necesario que alguien se hiciera cargo de la situación económica de Noemí y redimiera sus tierras. Le preguntó si él estaba dispuesto a hacerlo. El hombre, con voz muy segura, contestó sin dudar un instante:

—Yo redimo.

¿Por qué esta pronta respuesta? Al redimir la tierra de Noemí, el pariente tenía la posibilidad de agrandar sus posesiones de manera permanente. Ya que Noemí no tenía herederos, al morir la propiedad

---

5 Sinónimos de la palabra lealtad: fidelidad, nobleza, franqueza, amistad, adhesión, cumplimiento, devoción, honradez, observancia.

sería de su familia y pasaría a sus propios hijos. El valor de la parcela sería una inversión para futuros ingresos. Era una propuesta comercial muy atractiva y no podía rechazarla. Booz, sin perder un instante, hizo una aclaración que quedó suspendida en el aire:

—El día que adquieras el terreno de Noemí, adquieres también a Rut la moabita, viuda del difunto, a fin de conservar su nombre junto con su heredad.

El hombre reaccionó más rápido de lo que cualquiera hubiese esperado:

—¡Ah, no! Eso podría perjudicarme. Te cedo el derecho. Redime tú.

Ante los presentes se hizo un contrato por el que este hombre le concedía a Booz el derecho a redimir las tierras de la familia de Elimelec y casarse con la moabita.

Booz fue corriendo, como hacía mucho tiempo que no corría, hasta la casa de Noemí para darles la primicia a las dos mujeres que estaban esperando ansiosas de qué manera se definiría su futuro.

Muy pronto se celebró la boda de Rut y Booz. Noemí estaba feliz. Iba de un lado a otro supervisando que no faltara ningún detalle del sencillo festejo.

Al reflexionar sobre las experiencias vividas desde que había salido de Moab, reconocía que Dios había ido abriendo senderos que ella desconocía y sentía que el amor divino y de todo el pueblo le había dado nuevas fuerzas, día a día, para continuar su vida, que poco a poco se iba llenando de sentido y alegría.

El día que Rut le comunicó que estaba embarazada, Noemí no dejó de cantar y alabar a su Señor, tampoco dejó a una amiga sin contarle la grata noticia. Cuando el pequeño Obed nació, ella lo acunó en sus brazos y sintió que de verdad era su nieto, casi como un hijo. Las vecinas no dejaban de desfilar hasta su casa para conocer a la hermosa criatura y felicitar a Noemí.

La fe, la hospitalidad y el amor que brindó a las personas que la rodeaban, así como su actitud receptiva a la ayuda de otros, le permitió continuar su vida, pero no de una manera lastimosa y rutinaria, sino con alegría, con nuevos rumbos, mirando hacia el futuro con esperanza, sabiendo que aún había buenas metas por lograr. ¡Qué bueno que un día en Moab, Noemí tomó la decisión de volver a sus creencias, a sus afectos, a quienes podían abrazarla y comprenderla! ¡Qué diferente hubiera sido si por comodidad, por temor a un viaje difícil, se hubiese quedado allí, viviendo de recuerdos, de nostalgias, sin amor, sin futuro!

Cuando el hijo de Rut creció, tuvo un hijo al que llamó Isaí, y este cuando se hizo hombre fue padre de quien llegaría a ser un joven muy valiente y un gran monarca en Israel, el gran rey David.

Para reflexionar

¿Qué pasó con la maldición que se suponía debía recaer sobre los descendientes de los moabitas y que no podrían entrar en la asamblea por diez generaciones? ¿Cómo es posible que el bisnieto de una moabita llegase a ser rey de Israel? ¿Se les pasó por alto ese detalle a los judíos de ese tiempo? ¿No se acordaron de esta prohibición? ¿Qué fue lo que desbarató ese prejuicio?

Sin duda que estas dos mujeres con su actitud desinteresada, con amor y lealtad mutuos, no solo transformaron sus vidas, sino que contribuyeron a desbaratar prejuicios de una comunidad.

Rut no solo fue abuela de reyes, sino que ella también está entre los antepasados del Mesías.[6]

Orfa eligió lo que más le convenía a ella, como casi siempre hacemos, y sus días se perdieron en el olvido. Rut arriesgó su comodidad, su existencia, su reputación, su bienestar, y al buscar el bien de otros, participó de la historia del pueblo de Dios. Es cierto que muchas veces existen situaciones muy complicadas en donde es muy sano pensar en una misma y en lo que nos conviene para que el entorno no nos dañe. Pero también es necesario que Dios sensibilice nuestro corazón para no vivir existencias tan individualistas donde lo único que importa son nuestros intereses y así pasar por la vida dejando a un lado a tantas personas que nos necesitan.

El Señor, quien es capaz de llenar nuestras vidas de amor y valentía, nos envalentona para sembrar paz, construir relaciones saludables, dejando de lado prejuicios ancestrales.

- ¿Cuál fue la primera y gran decisión que tomó Rut? ¿Qué consecuencias trajo para su vida?

---

6 Mateo 1:5-6.

- Piensa en algunas decisiones que has tomado en tu vida. ¿Qué te llevó a seguir ese camino? ¿La conveniencia personal, el consejo de otros, el qué dirán, el no saber qué hacer, el bien de los demás? ¿De qué manera te ayudaron o perjudicaron esas decisiones en los días que siguieron?

- Cuando te encuentras ante situaciones impregnadas de prejuicios étnicos, culturales, religiosos, de género, etc., ¿qué actitud puede ayudarte a tomar decisiones sabias?

- ¿De qué manera el amor que se manifiesta en la vida de Jesús puede ayudarnos a vencer prejuicios e injusticias?

Capítulo 11

Ana, una mujer que oró con sinceridad y alabó al Señor

1 Samuel 1–3

Ese mes, como todos los meses de tantos años, su matriz estéril se desangró ante la fatídica imposibilidad de concebir un hijo.

Aunque su nombre significaba «llena de gracia», Ana se sentía la mujer más desdichada del planeta y de la historia. Su marido la amaba y era muy considerado con ella. Se habían casado enamorados y con planes cargados de buenos augurios para el futuro que habrían de compartir con los hijos que vendrían. Pero la vida fue transcurriendo, los años comenzaron a dibujar incipientes arrugas alrededor de sus ojos y a pintar hilos de plata en su cabellera. La angustia cada vez se hacía más intensa.

Ana veía que, a su alrededor, con total desparpajo e ironía, todo se multiplicaba de manera exuberante. Las semillas de las flores y de los frutos se clonaban en nuevas plantas que volvían a fructificar para volver a procrear. Otras, como las higueras, las vides, los olivares, los nogales se propagaban por medio de tallos tiernos. Ni que hablar de las ovejas, los vacunos, los camellos, todos, con mayor o menor frecuencia eran fecundos y se reproducían sobre la faz de la tierra. Todos los seres vivos seguían el plan que Dios había trazado desde un principio. Pero ella y su seno marchito eran la excepción.

Si había algo que por aquel entonces era un presagio maléfico era la incapacidad de procrear. Por esa razón, su marido Elcana, a pesar del inmenso amor que sentía por su mujer, debió buscar otra esposa que le diera hijos, hijos que continuaran la descendencia, hijos que aumentaran el patrimonio familiar, hijos que contribuyeran a la economía y las tareas del hogar, hijos que evidenciaran la bendición divina.

Ana aceptó la decisión de su esposo. Era lo que la sociedad esperaba. Pero, aunque sus labios habían dado su consentimiento, sus emociones y pensamientos se retorcían dentro de ella en una maraña de furia y dolor.

La otra, la fecunda, se llamaba Penina. Cada año su vientre se henchía para cobijar un nuevo hijo de Elcana. La casa se fue llenando de bullicio, de juguetes artesanales, de pañales, de gritos, de algarabía. Todo era vida, sí, excepto en el vientre de Ana. Elcana le prodigaba su ternura pensando que así podría mitigar su dolor. Pero no, nadie la entendía de verdad, nadie comprendía sus ansias salvajes de maternidad.

Penina, que se sabía fecunda, pero no amada, la torturaba con burlas hirientes, con apodos que evidenciaban su situación de sequía y soledad.

Cada año, como todos los hombres israelitas, Elcana emprendía el viaje desde el poblado donde vivían hasta Siló, a la casa del Señor.[1] Lo hacía acompañado de sus esposas y todos sus hijos e hijas. En la Fiesta de los Tabernáculos, se conmemoraba no solo la protección de Dios para su pueblo durante el viaje en el desierto hacia la tierra prometida, sino que se celebraba con pródiga alegría las bendiciones de Dios sobre las cosechas del año.

El clima festivo, la música, las risas, las danzas, los abrazos, la comida, el vino, el bullicio de los niños, los deseos de prosperidad para la próxima cosecha acentuaban el dolor irresistible de Ana. ¿Quién podría entenderla, acompañarla en ese trance tan amargo que estaba viviendo, en esa existencia sin significado, en esa vida sin vida?

Elcana la miró durante la comida. Vio la cabeza gacha de su amada, con los ojos escondidos para no mostrar las lágrimas que ya no podía contener. Le acercó la mejor porción de la deliciosa carne de oveja que habían llevado para sacrificar, y le murmuró al oído palabras muy tiernas, las que tantas veces le decía, como que él la amaría por siempre, que ella era la mujer que había elegido para compartir la vida,

---

[1] En aquella época, aún no se había construido el templo de Jerusalén. El santuario se encontraba en la ciudad de Siló.

que él era mejor que diez hijos, porque los hijos siempre se van del lado de los padres, pero él nunca la dejaría. Pero el amor del hombre de su vida no alivianaba su pena infinita.

Ese día no soportó más. Y aunque no era lo correcto, mientras todos comían y celebraban, Ana se levantó de la mesa y corrió al santuario. Se arrojó al suelo con desesperación y comenzó a llorar desconsoladamente ante el Señor. Pasó mucho tiempo allí, hasta que por fin su corazón pudo vaciar el caudaloso torrente de lágrimas que había guardado durante todos esos años. Sus labios empezaron a pronunciar palabras inaudibles, pero ella sabía que alguien las escuchaba. Esas frases íntimas y secretas se dirigían al Dios Todopoderoso, quien la conocía como nadie y como nadie la comprendía. Ella sabía de su amor y su poder. Tantas veces había escuchado la historia de mujeres estériles que concibieron hijos gracias a Dios. Prácticamente todas las esposas y madres de los patriarcas habían padecido su misma suerte, y todas habían sido bendecidas con hijos. A ese Dios no solo le contó su pena, sino que le hizo un voto, y en ese voto se jugó la vida como si se jugara la última carta que tenía en el mazo de su existencia:

—Señor Todopoderoso, si te dignas mirar la desdicha de esta sierva tuya y, si en vez de olvidarme, te acuerdas de mí y me concedes un hijo varón, yo te lo entregaré para toda su vida.

Muy cerca de ella se encontraba el sacerdote Elí sentado en su silla junto a la puerta. No escuchaba nada, solo veía el movimiento indescifrable de sus labios. Desconociendo la aflicción de la mujer la reprendió pensando que estaba ebria, pero ella, con calma y humildad explicó que solamente era una mujer angustiada que había ido a desahogarse con el Señor.

Las palabras de Ana provocaron un sobresalto en el anciano. Se acordó que el santuario no era solo para festejar, ni para sacar ventajas como lo hacían sus hijos desvergonzados, sino que también era el lugar para encontrarse con el Dios Todopoderoso, como lo llamaba esta frágil mujer. Elí le dio su bendición deseando que el Señor le concediera sus peticiones.

Ana, en paz consigo misma y con la vida, volvió a la mesa, comió, festejó, sonrió y su semblante nunca más estuvo triste.

Al día siguiente, antes de partir de regreso a su hogar, dedicaron un momento para adorar al Señor. Durante el viaje, Elcana estaba sorprendido de ver el buen ánimo de su querida esposa, que hablaba con las otras mujeres de manera muy entretenida. Ensimismado pensó que hacía mucho tiempo que no la veía así. Parecía más joven, más bella, más seductora.

Llegaron a su casa en Ramá. Esa semana el hombre, aunque ya maduro, sintió fuertes deseos de estar con su mujer. Durmieron largas noches abrazados, se regalaron caricias, se dijeron palabras cariñosas, hicieron el amor, despertaron satisfechos.

Pasaron los días. Ese mes la matriz de Ana no se desgarró en lágrimas de sangre. Se la veía frecuentemente sonreír mientras miraba al cielo. Se preguntaba a sí misma y a Dios, en tono de complicidad:

—¿Será posible? ¿Habrá ocurrido el milagro? ¿Habrá llegado mi tiempo de fructificar?

Cada mes su sonrisa se hizo más evidente y su vientre también. Su sonrisa se hizo risa y esta se transformó en carcajadas de felicidad.

El día que nació su hijo, le puso por nombre Samuel[2] y se acordó de la promesa que había hecho. Cuando destetara a su niño, lo cual se acostumbraba a hacer alrededor de los tres años, lo llevaría ante el Señor. Si había algo de lo cual Ana no tenía dudas, era que ese hijo tan ansiado y esperado le pertenecía al Señor, como todos los hijos del mundo.

Cuántos momentos maravillosos compartió con su hijo, ¡era tan bello, tan tierno, tan cariñoso! Ella se deleitaba al juguetear con sus rizos, los que nunca cortaba porque había hecho unos votos especiales a Dios.

Cuando el niño dejó de ser amamantado, emprendieron el viaje. También llevaban un ternero de tres años (¿habría nacido por el mismo tiempo que Samuel?), harina y vino. Se presentaron ante Elí y sacrificaron el animal. Luego Ana, con mucha emoción y alegría le dijo al anciano:

—Yo soy la mujer que estuvo aquí a su lado rogando al Señor cuando estaba tan angustiada. Este es el niño que yo le pedí al Señor,

---

2 N. del E.: En el folclore popular, Samuel significa «Dios oye». Sin embargo, en el idioma hebreo, su significado literal es sencillamente «el nombre de Dios» (shem + el). También hay otra explicación de este nombre, que proviene de la contracción de la frase «Dios me ha permitido tenerlo».

y él me lo concedió. Ahora yo, por mi parte, se lo entrego al Señor. Mientras el niño viva, se dedicará a él.

Elí, muy sorprendido, se postró ante el Señor. A pesar de ser sacerdote, hacía mucho tiempo que no veía una devoción similar ni un milagro de esa naturaleza. Tanto su familia como la sociedad entera habían entumecido su fe y vivían sin acordarse del Creador.

Ana sentía que en esa entrega ofrendaba su vida misma. Pero ya no tenía angustias. En ese momento irrepetible y sublime entonó un canto que surgió espontáneo pero que se había estado gestando en su espíritu desde hacía tres años. Dijo que se alegraba en el Señor, que no hay nadie como él, que lo sabe todo, que la soberbia y el poder humano no son nada ante los ojos del Todopoderoso; él es el dador de la vida, de las posesiones, de las oportunidades. A él le pertenece el universo, él es el juez de toda la tierra y enaltecerá el poder de su ungido.[3]

Ana y su marido volvieron a Ramá, con las manos vacías pero el corazón satisfecho. El niño quedó para servir al Señor bajo el cuidado del sacerdote Elí.

Para reflexionar

El acto de entrega que hizo Ana hoy nos parecería innecesario, poco saludable, sin sentido, hasta incluso cruel. Pero Dios, que conocía las intenciones y deseos más profundos de esta mujer, hizo que todas estas circunstancias, un poco turbias desde nuestra perspectiva, resultaran para el bien de la familia, de la sociedad y de la historia.

Ana continuó su vida de fecundidad y tuvo tres hijos varones y dos hijas mujeres. Año tras año visitaban a Samuel. En cada viaje le llevaban regalos y no faltaba la pequeña túnica que su madre confeccionaba con tanto amor y buen gusto. Cada vez de una talla más grande.

El pequeño Samuel aprendió a escuchar a Dios, como desde hacía mucho tiempo nadie lo escuchaba en Israel. Llegó a ser un líder nacional que pudo contener al pueblo en un momento de tanta anarquía política e infidelidad religiosa, donde cada uno hacía lo que quería. Él sería el encargado de ungir a los dos primeros reyes de la nación.

Algo muy curioso, que los estudiosos no terminan de descifrar, es el cántico de Ana, similar al de una profecía y que inspiró más de mil

---

3 Esta es la palabra que significa Mesías, título con que se reconoce a Jesús.

años después el canto que elevaría otra mujer muy especial, María de Nazaret, la madre del Ungido por Dios, el Mesías.[4]

- En momentos difíciles, de mucha angustia, cuando te has sentido incomprendida por todos, ¿qué has hecho?
- ¿Piensas que la oración sincera y auténtica con Dios, así como reconocer quién es él por medio de la alabanza, pueden ayudarte en momentos similares? ¿Por qué? ¿Has tenido alguna experiencia al respecto?
- ¿Cómo acompañarías a alguien que esté pasando momentos muy angustiantes?

---

[4] Lucas 1.46-55.

Abigail, una mujer que no se dejó manipular

1 Samuel 25

Abigail era una joven cuya hermosura e inteligencia la distinguían de las demás, como así también su humildad, dulzura y fe, que se entretejían en esa personalidad tan fuera de lo común.

Conoció a un hombre que poseía un numeroso rebaño de ovejas y cabras. Este varón, Nabal, muy hábil para los negocios, muy ambicioso, comprendió que esta era la mujer que él necesitaba. ¿Qué más podía desear? Bella, inteligente, sumisa, afectuosa, sin duda era la compañera perfecta para extender sus dominios en el delicioso paraje de su propiedad.

Al poco tiempo contrajeron matrimonio y se instalaron en la ciudad de Carmelo, región montañosa próxima a las costas del Mediterráneo. Los lugareños la llamaban «la tierra del jardín». Una abundante y rica vegetación de hojas perennes cubría la mayor parte de la sierra. Un exceso de flores aromáticas y silvestres fundía sus aromas con la brisa marina.

Los primeros tiempos fueron muy agradables. Abigail era una excelente anfitriona. Sus habilidades domésticas y administrativas sorprendían cada día a Nabal. Pero la ambición, como una bestia insaciable, comenzó a crecer en el corazón del hacendado. Sus cuantiosos ingresos, el crecimiento de la manada, la producción de lana, carne y leche que se multiplicaba cada año, alimentaban su voracidad y desenfreno.

La pareja fue perdiendo los temas de diálogo y las oportunidades de expresarse afecto. Mientras Abigail continuaba con su rutina diaria y su constante agradecimiento a Dios, confiando en sus promesas, en el corazón de su esposo se gestaba la codicia y mezquindad. Se volvió hosco, agresivo, malhumorado y, por supuesto, necio. Solo pensaba en sí mismo y en sus cofres que cada temporada había que renovar.

Durante la época de la esquila llegó un mensajero a hablar con el rico estanciero. Venía de parte de David, prófugo perseguido por el rey Saúl al que todos auguraban como próximo monarca. Si bien no pertenecía al ejército real, todos comentaban que había logrado grandes triunfos para el pueblo de Israel contra sus vecinos invasores. De allí el aprecio popular que día a día coronaba su reputación con anécdotas de sus logros y carisma popular.

El comisionado le dijo a Nabal:

—David me envía a desearle paz y prosperidad a usted, su familia y a todas sus posesiones. Se ha enterado que usted está de festejos por la esquila de sus animales y, como él y sus hombres han protegido a sus pastores en situaciones peligrosas, le solicita alimentos para compartir con la tropa.

Nabal, enfurecido por lo que consideraba una impertinencia, vociferó:

—¿Quién es ese tipo David? ¿Debo tomar mi pan, mi agua y la carne que maté para mis esquiladores y dárselos a un grupo de bandidos que viene de quién sabe dónde?

David se enardeció al escuchar la respuesta de esta persona tan miserable. De inmediato dio la orden de tomar la espada para ir a vengarse de la actitud de este hombre necio e ingrato.

Los sirvientes que habían escuchado las palabras de Nabal corrieron a avisar a Abigail que toda la familia y propiedad corrían peligros. Sin duda David, al recibir el mensaje ofensivo, tomaría represalias que serían lamentables.

La mujer escuchó con atención. Sin perder tiempo organizó a sus empleados. A unos les encargó que hornearan cientos de hogazas de pan, a otros que llenaran recipientes de vino, a algunos que colmaran bolsas con granos de trigo tostado. A los responsables de la cocina les pidió que carnearan cinco ovejas gordas y las asaran bien adobadas. A los encargados de la repostería les pidió que amasaran doscientas tortas de higos. A los que trabajaban entre las vides les pidió que buscaran los cien mejores racimos de uvas. En instantes movilizó un ejército para agasajar a quien defendía a la patria con su vida y había sabido cuidar a sus pastores con tanta amabilidad.

Cuando todo estuvo listo, cargó el suculento banquete en una caravana de burros que con agilidad se desplazarían por las montañas. Abigail se cambió la ropa, montó un asno y emprendió un viaje clandestino con el propósito de aclarar el error que se había cometido.

Mientras bajaba por la ladera de una montaña se encontró con David y sus soldados que venían en dirección opuesta, rumbo a su propiedad. Se bajó de la cabalgadura, se inclinó ante el guerrero, se postró en tierra y desde allí habló:

—Yo soy la responsable. Deje que le explique. No haga caso de lo que le dijo Nabal, que es un grosero. Le hace honor a su nombre que significa «necio». La necedad lo acompaña por todas partes. Yo no vi a los mensajeros que usted envió.

Más segura de sí misma, continuó hablando:

—Gracias a Dios, él le ha impedido que por sus propias manos haga justicia. Acepte este regalo que su servidora le ha traído y repártalo entre los hombres que lo acompañan. Yo le ruego que perdone nuestras faltas. Es muy cierto que el Señor le dará a usted una dinastía que se mantendrá firme y nunca nadie podrá hacerle ningún daño, pues usted pelea las batallas del Señor. Si alguien lo persigue, el Señor lo protegerá. Cuando sea establecido como jefe de Israel no tendrá que lamentar el haberse vengado por sí mismo y haber derramado sangre inocente. Acuérdese de esta servidora suya cuando el Señor le haya dado prosperidad.

David no podía creer que tanta lucidez, discernimiento y valentía proviniesen de los labios de aquella mujer. Parecía que el mismo Dios le hubiese revelado todas esas predicciones. ¿Cómo una sumisa esposa se atrevía a desafiar al malvado Nabal para apaciguar la masacre que él estaba planeando cometer? Sin poder procesar la información que sus ojos y oídos le ofrecían, y sin encontrar respuestas en su mente, por fin habló:

—¡Bendito sea el Señor, Dios de Israel, que te ha enviado hoy a mi encuentro! ¡Y bendita seas por tu buen juicio, pues me has impedido que derrame sangre y vengarme con mis propias manos!

David aceptó muy agradecido los deliciosos manjares que ella le había traído, y con un gesto amable le dijo:

—Vuelve tranquila a tu casa.

La mujer emprendió el viaje de regreso muy satisfecha. Desde hacía mucho el malhumor de su marido no la doblegaba, como había ocurrido en los otros tiempos. Ahora ella sabía que la necedad de él no podía aniquilar su autoestima ni la vocación de hacer lo que su corazón le indicaba que era correcto. Tenía muy en claro que la fidelidad y sumisión que le debía a su esposo nunca podrían convertirla en cómplice de su necedad y grosería.

Al llegar a su casa, Nabal estaba dando un regio banquete. El vino que se distribuía generoso entre los invitados ya había empezado a hacer estragos.

A la mañana siguiente, cuando el hombre recuperó la lucidez, Abigail le contó lo que había hecho. El rostro de Nabal se encendió en ira, sus manos se crisparon y un agudo dolor desgarró su pecho. Su cuerpo rígido se desplomó al suelo. Un par de sirvientes lo levantaron y llevaron a su habitación. Allí permaneció paralizado durante diez días, durante los cuales su estado se fue agravando. Finalmente murió.

El rumor del incomprensible deceso del terrateniente se extendió por toda la región hasta llegar a oídos de David. Al enterarse, exclamó:

—El Señor ha hecho justicia. Me libró de tomar venganza, pero hizo recaer sobre Nabal su propia maldad.

David, que no podía olvidar la belleza, inteligencia y valentía de Abigail, le envió un mensaje para proponerle matrimonio.

La joven mujer, liberada de una convivencia infernal, se dispuso a partir. Tomó cinco criadas de confianza, montaron en asnos y emprendieron la marcha hacia una nueva vida.

Para reflexionar

Es frecuente que, al convivir con personas necias, violentas, las mujeres se vayan replegando en su cobardía y aniquilando poco a poco su autoestima e independencia. Cuando esto ocurre los resultados siempre son destructivos y, en ocasiones, fatales.

Pero siempre es bueno recordar que las mujeres también fueron creadas a imagen de Dios, libres, con capacidad de decidir hacer el bien, y no para ser doblegadas por otra voluntad manipuladora.

Es muy bueno pensar siempre en el consejo que escribió el apóstol Pablo a los romanos:

No paguen a nadie mal por mal. Procuren hacer lo bueno delante de todos. Si es posible, y en cuanto dependa de ustedes, vivan en paz con todos… No te dejes vencer por el mal; al contrario, vence el mal con el bien. (Romanos 12.17, 18, 21)

• Intenta ponerte en el lugar de Abigail. ¿Cómo te parece que debe haber sido la vida junto a Nabal? ¿Cómo habrá influido al principio en la vida de Abigail la necedad y grosería de su esposo?

• ¿De qué llegó a convencerse esta mujer mientras el tiempo pasaba y su marido se convertía en un ser cada vez más despreciable?

• ¿Cómo evalúas la actitud de Abigail al actuar a escondidas de su esposo haciendo lo opuesto a la orden que él había dictaminado?

• ¿Cómo te parece que la evaluaría la sociedad actual? ¿Y la iglesia? ¿Por qué?

• ¿Conoces a alguna mujer que, por convivir con una persona necia, abusiva, mezquina, tóxica, no logra vencer la manipulación que se ejerce sobre ella? ¿Qué consecuencias le ha traído a su vida esta forma de proceder?

• ¿Qué le aconsejarías a una persona que estuviese viviendo una situación similar?

Capítulo 13

Betsabé
y la misericordia de Dios

2 Samuel 11.1–12.25

La primavera desplegaba aromas que embriagaban el ambiente; la tibieza del sol impulsaba a deshacerse de los abrigos; parecía que todo alrededor invitaba a disfrutar del placer de estar vivo.

Betsabé se dirigió a la fuente de agua, aprovechando la hora más cálida del día, para purificarse de la menstruación que por fin había terminado. Si bien se alegraba de que el sangrado hubiera cesado, cada mes lamentaba no estar embarazada. ¡Eran tan pocas las posibilidades de que esto ocurriera! Sus ansias de ser madre se veían frustradas por la guerra. Urías, su esposo, era un valiente soldado que permanecía lejos de su casa por las luchas que el reino de Israel mantenía para cuidar y dilatar las fronteras. En ese momento, el ejército bajo las órdenes de Joab se encontraba sitiando Rabá, ocupada por los amonitas.

Como a cualquier mujer, le resultaba muy placentero ese baño purificador que la ley estipulaba realizar después de cada ciclo. Se cubrió con una túnica muy liviana que usaba para esas ocasiones. Primero se lavó el cabello y luego comenzó a verter agua en abundancia sobre su cuerpo, que se vigorizaba a medida que la frescura acariciaba su piel y se desprendía de los desagradables olores y sudores menstruales. El vestido empapado se amoldaba a las curvas de su talle.

Concentrada en el placer que la ablución le otorgaba, no se percató que miradas indiscretas se posaban sobre su figura. Desde la azotea del palacio, muy próximo a su vivienda, el mismo rey David la contemplaba extasiado. Al descubrir la belleza de esa mujer, hizo las averiguaciones pertinentes para conocer su identidad. Le informaron que era hija de

Elián y esposa de Urías. Ambos hombres eran miembros de la guardia privada del monarca.

Un deseo salvaje y posesivo se despertó en el hombre que regía el país. Aunque sabía que la joven estaba casada y que no estaba permitido en Israel codiciar la esposa de otro, ciego por la soberbia y la pasión solicitó a sus sirvientes que convocaran a la muchacha al palacio.

Al recibir el recado Betsabé se puso muy nerviosa. ¿Le darían alguna noticia acerca de su marido? ¡Hacía tanto que no lo veía! ¿Le habría sucedido algo malo? O, quizá, querían agasajarla por la conducta tan valerosa del soldado. La curiosidad la puso muy ansiosa. Consciente de que debía presentarse nada menos que ante la persona del rey, se puso el mejor vestido, una criada peinó su cabello haciéndolo lucir espléndido, se puso unos aros que le enmarcaban el rostro y se perfumó con una delicada fragancia floral.

El sirviente que le llevó la invitación había quedado esperándola. Al salir de su casa y transitar la corta distancia que la separaba de la entrada del palacio, su corazón latía con fuerza. ¿Sería cierto todo lo que se decía del rey? Eran tan conocidas las historias acerca de su fuerza, su valentía y amabilidad. Y ahora, ella tendría que presentarse ante él. Su aspecto, ¿sería el adecuado para concurrir a esa cita? El asistente la condujo hasta el rey sin necesidad de hacerse anunciar.

Atravesaron galerías y salas muy bien iluminadas. Cada puerta que se abría estaba custodiada por un guardia. Ese mundo, tan cercano a su vivienda, le resultaba totalmente desconocido. De pronto, el sirviente abrió una puerta y un escalofrío le erizó la piel. Allí, en una sala alfombrada, con cortinados que invitaban a la intimidad, compenetrada por un aroma que endulzaba el ambiente, se destacaba en la semi penumbra la silueta esbelta y fornida del rey. Hubiese permanecido inmóvil, aturdida por sensaciones insólitas, si no fuera que una voz grave la invitó con amabilidad a acercarse. Estaba asustada. Nada era como ella había imaginado.

David se acercó a Betsabé y le indicó dónde sentarse. Comenzó a interrogarla. Le preguntó sobre su vida, su familia, su matrimonio frustrado por la guerra, su soledad, sus angustias. Hacía tanto que no hablaba con un hombre y pensó que nunca ninguno se había interesado tanto por su vida, por sus preocupaciones, por sus temores. Un vino fragante y generoso distendió la conversación. Se encontraban muy próximos. Ambos podían percibir el perfume y la respiración del otro. Con una increíble ternura él le regaló los mejores halagos de su vida. Con suavidad tocó su cabellera reluciente, le pasó la mano por el hombro, le acarició el rostro, el cuello, la acercó a sus labios y la besó con decisión.

La pasión no demoró en encender sus cuerpos. David sentía una atracción incontenible hacia la joven que había deseado a la distancia. Y ahora la tenía entre sus brazos. Betsabé no podía creer que ella fuese la protagonista de esta escena. Si bien Urías la había hecho feliz, hacía tanto tiempo de eso. Y aunque su esposo era un hombre valiente e importante, nunca podía compararse a este, el más encumbrado de todo el reino, el más admirado, el más deseado por tantas mujeres.

Si bien sabían que lo que hacían no estaba bien delante de Dios ni de los hombres, ambos se sentían extasiados y complacidos. Sin decir nada, se preguntaban en silencio cómo continuaría este hecho. Ella pensó que tal vez pronto llegaría su marido. ¿Le confesaría la verdad? No, no podría hacerlo. Sería muy doloroso para él. El rey intentaba imaginar cómo podría compartir esta belleza de mujer con el tosco soldado cuando regresara. Se abrazaron y, a pesar de las incertidumbres, se relajaron plácidamente uno en los brazos del otro.

Betsabé fue escoltada hasta su casa. Sabía que nunca más nada sería igual. El rey la había hecho suya. Un entusiasmo frenético había fusionado sus cuerpos y sus almas. Esto debía permanecer como un secreto inviolable dentro de su corazón.

Los días se sucedieron en la monotonía de la rutina cotidiana. Pero ambos se extrañaban. El rey no podía dejar de pensar en la joven, aunque no sabía cómo proceder sin levantar sospechas. En la nebulosa de sus recuerdos ella evocaba cada uno de los halagos que ese hombre increíble le había regalado, las caricias que le habían permitido recordar cómo era su propio cuerpo.

Esa semana se la pasó haciendo cálculos. ¿Cuánto hacía de su aventura en el palacio? Una y otra vez volvía a contar los días. No le cabía ninguna duda. Ya tendría que haber tenido su ciclo menstrual. ¿Qué estaba sucediendo en su cuerpo? Los días transcurrieron y, antes que pudiera convencerse de su situación, durante varias mañanas se despertó con náuseas.

Betsabé, poseída por una valentía inusitada para una mujer de su tiempo, pidió hablar con el asistente del rey. Cuando este la vio, la saludó cortésmente y anunció su llegada al monarca. Este la hizo conducir a la habitación en que había sido recibida en la ocasión anterior. La mujer ingresó al lugar y se dio cuenta que allí no había nadie. ¿Cómo daría la noticia? ¿Qué diría? Su situación era dramática. Si alguien se enteraba de que ella estaba embarazada, a pesar de la ausencia prolongada de su esposo, sería apedreada por adulterio. La presencia de David no se hizo esperar. Cuando la vio, corrió a abrazarla y a besarla con desesperación. Le confesó que no podía dejar de pensar en ella, que la extrañaba, que la deseaba. La muchacha comenzó a llorar. Él no entendía que le sucedía e intentó consolarla. En medio de sollozos ella le confesó su verdad y su temor. Sin saber qué decir ni qué hacer, fusionaron sus cuerpos enardecidos.

A primera hora de la mañana el rey redactó un mensaje para Joab, jefe del ejército de Israel, pidiendo que de inmediato enviara a Urías hacia Jerusalén. Cuando este llegó, fue interrogado por el monarca acerca de cómo iba todo en el campo de batalla, recibió regalos y se le ordenó que fuera a su casa a dormir con su mujer. El soldado, endurecido por la guerra, acostumbrado a la intemperie, al sacrificio de toda comodidad por fidelidad a la patria, no tuvo ningún deseo de descansar abrazando el cuerpo tibio de su esposa, ni pensó en cuánta soledad ella sobrevivía cada uno de sus días. Por eso pasó la noche junto a la guardia real.

Cuando David se enteró de esto se puso furioso. Disimulando su enojo, lo invitó a un banquete e intentó emborracharlo. Estaba seguro de que el vino quebraría sus ideales patrióticos y despertaría deseos que parecían no existir. Sin embargo, el plan fracasó.

David se paseaba como un león enjaulado. No podía ser que la bella Betsabé, su Betsabé, corriera peligro de muerte porque su esposo hubiese olvidado el amor que le había prometido y ni siquiera la deseara luego de tantos meses de ausencia. Este hombre no merecía seguir viviendo. Su presencia o su recuerdo estorbaban.

El rey redactó un mensaje despiadado para Joab:

«Pongan a Urías al frente de la batalla, donde la lucha sea más dura. Luego déjenlo solo, para que lo hieran y lo maten».

A los pocos días llegó un mensajero a Jerusalén con un parte de guerra anunciando las cuantiosas bajas del ejército de Israel. Entre los muertos se contaba a Urías. Si bien la noticia de derrota puso de mal humor al rey, este se disipó rápidamente al comprobar que él y Betsabé ya no corrían peligro. Por fin eran libres para vivir el amor frenético que habían descubierto.

Pasados los días de luto, la muchacha fue conducida al palacio y ataviada con un vestido nupcial que intentaba competir con su belleza. En la ceremonia de boda se respiraba un aire tenso, pero los enamorados estaban complacidos.

Cuando llegó el tiempo de dar a luz, el niño nació con serios problemas de salud. En medio de la turbación de esos días, donde nadie dormía ni comía, donde todos estaban pendientes a cada instante del más mínimo movimiento de la criatura, llegó el profeta Natán a visitar a David. Hablaron por un buen rato. El anciano le hizo ver cuán desagradable había sido su accionar. No sólo había codiciado la mujer de su prójimo, sino que había adulterado con ella y para completar sus faltas había cometido homicidio. Aunque siempre se comentaba que David era un hombre conforme al corazón de Dios, de repente había violado la ley divina en tres de sus diez mandamientos. Por lo tanto, ese hijo iba a morir.

David, quebrantado, reconoció su miserable conducta. Y de esta angustia llega a nosotros su oración de confesión, en búsqueda de perdón y restauración (tal vez Betsabé también participara de esa oración):

> Ten piedad de mí, oh Dios,
> conforme a tu gran amor;
> conforme a tu misericordia,
> borra mis transgresiones.
> Lávame de toda mi maldad
> y límpiame de mi pecado.
>
> Yo reconozco mis transgresiones;
> siempre tengo presente mi pecado.
> Contra ti he pecado, solo contra ti,
> y he hecho lo que es malo ante tus ojos;
> por eso, tu sentencia es justa
> y tu juicio, irreprochable.

Yo sé que soy pecador de nacimiento;
    pecador, desde que me concibió mi madre.
Yo sé que tú amas la verdad en lo íntimo;
    en lo secreto me has enseñado sabiduría.

Purifícame con hisopo y quedaré limpio;
    lávame y quedaré más blanco que la nieve.
Anúnciame gozo y alegría;
    infunde gozo en estos huesos que has quebrantado.
Aparta tu rostro de mis pecados
    y borra toda mi maldad.

Crea en mí, oh Dios, un corazón limpio
    y renueva un espíritu firme dentro de mí.
No me alejes de tu presencia
    ni me quites tu Santo Espíritu.
Devuélveme la alegría de tu salvación;
    que un espíritu de obediencia me sostenga.
Así enseñaré a los transgresores tus caminos,
    y los pecadores se volverán a ti.

Dios mío, Dios de mi salvación,
    líbrame de derramar sangre
    y mi lengua alabará tu justicia.
Abre, Señor, mis labios
    y mi boca proclamará tu alabanza.
Tú no te deleitas en los sacrificios
    ni te complacen los holocaustos;
    de lo contrario, te los ofrecería.
El sacrificio que te agrada
    es un espíritu quebrantado;
tú, oh Dios, no desprecias
    al corazón quebrantado y arrepentido. (Salmo 51:1-17)

Dios lo perdonó, pero las consecuencias no solo recaerían sobre la vida de la criatura, sino, tal como lo anunciara el profeta, la violencia nunca se apartaría de la familia real y el desastre surgiría desde su mismo seno. A los siete días murió el pequeño. Betsabé se sentía devastada.

David no solo sentía dolor por la pérdida, sino que también lo agobiaba el remordimiento por su necia conducta.

Pero Dios se apiadó de ellos. Al poco tiempo Betsabé quedó nuevamente embarazada y dio a luz un hijo al que David llamó Salomón. Natán llegó otra vez de visita. Esta vez para decirle que el Señor quería que le pusieran por nombre Jedidías, que significa «el amado del Señor».

David tuvo muchas esposas. Pero a la que amó con locura fue a Betsabé. Ella le dio tres hijos más. Su hijo Salomón fue quien le sucedió en el trono y ella lo sobrevivió junto a su hijo. De este hijo, fruto de un amor prohibido, descendería varios siglos más tarde quien sería el Mesías, el Hijo de David.[1]

Pero la seducción también tuvo secuelas negativas. Y, tal como lo anunciara el profeta, la desgracia surgida desde la misma familia real irrumpió en reiteradas oportunidades ocasionando muertes, traiciones, rencores y dolores muy profundos.

Para reflexionar

Es indudable que la conducta de David y Betsabé fue totalmente reprochable ya que no solo actuaron de forma desleal, sino que también se planeó la muerte de un hombre inocente. Pero, en la justicia de Dios, el pecado más grave puede encontrar redención. A tal punto que de esas personas caídas vendría la descendencia de la cual nacería Jesús.

Aun para nosotros sigue abierta la invitación de acercarnos a Dios para buscar misericordia y socorro,[2] confiando en que, si le confesamos nuestras faltas, seremos perdonados.[3]

- ¿Cómo describirías la conducta de Betsabé? ¿Fue víctima o responsable? ¿Qué otra opción podría haber tenido?
- ¿Qué mensaje de esperanza existe para personas que han cometido faltas ante Dios y la sociedad?
- ¿De qué manera el evangelio de Jesucristo puede liberar a las personas de su pasado oscuro, renovarlas y tener propósitos maravillosos para sus vidas?

---

[1] Mateo 1.6.
[2] Hebreos 10.22.
[3] 1 Juan 1.9.

Capítulo 14

Una reina apasionada por la sabiduría

1 Reyes 9.26-28; 2 Crónicas 9.1-9

Makeda[1] recorría los jardines del palacio. La brisa del atardecer resultaba muy placentera luego de las elevadas temperaturas de la jornada. Este paseo le esclarecía los pensamientos al terminar un día abarrotado de responsabilidades y decisiones comerciales.

Su reino se encontraba en un buen momento económico, pero esto significaba que cada vez existían más asuntos que considerar, más personas que escuchar y gobernar, más negocios que contabilizar, más problemas y nuevas oportunidades de expansión.

Desde hacía tiempo una noticia la tenía algo inquieta. El rey Salomón, que no cesaba de dilatar sus territorios, había construido una flota naviera en Ezión Guéber, en el cabo norte del golfo de Áqaba. Este era un punto estratégico ya que separaba la península de Sinaí de la península arábiga, cuyas aguas comunicaban con el Mar Rojo. Hasta ese momento los israelitas no tenían tradición marítima, pero este emprendimiento les abría las puertas para convertirse en intermediarios comerciales con otros países. De alguna manera esto afectaba a su reino, Sabá, un conocido emporio comercial ubicado al oeste de Arabia.

Mientras caminaba a paso lento, su mente desvariaba por la infinidad de negocios y viajes que tenía entre manos. Sus embarcaciones comerciaban en el mar de la India y África transportando objetos de lujo

---

[1] Si bien el texto bíblico no identifica a esta reina, según la tradición etíope se la conoce con este nombre.

que ascendían a sumas exorbitantes, y por tierra llegaban a Damasco y a Gaza a través de caravanas por medio de rutas que surcaban el desierto de Arabia. Se preguntaba una y otra vez si la empresa naviera de Salomón amenazaría sus asuntos de intercambio comercial. Todo esto la llevó a hacer averiguaciones por medio de sus hombres de confianza. Las novedades que le suministraron la dejaron más azorada aún. De él se decía que su sabiduría era imposible de concebir, que su palacio no tenía parangón y lo más intrigante era su religión, ya que, en contraposición con todos sus vecinos, adoraba a un solo dios.

Makeda empezaba a sentir una curiosidad imposible de contener, que le producía ansiedad, nerviosismo, inestabilidad emocional. ¡Tenía que verlo con sus propios ojos! Debía averiguar si toda esa descripción que había llegado a sus oídos era cierta, cuál era el secreto del esplendor de este reino del cual tanto se escuchaba hablar. Ella se consideraba una mujer muy inteligente, fuera de lo común para su época. Sus capacidades lógicas y administrativas superaban a la mayoría de los hombres de su reino, por eso nadie había dudado de que ella ocupase el trono.

Convocó a un séquito de camelleros con el fin de organizar una expedición a Jerusalén. La distancia estimada superaba los dos mil quinientos kilómetros. Con suerte podrían recorrer alrededor de cuarenta kilómetros diarios. Esto significaba que el viaje demoraría por lo menos dos largos meses de travesía por el desierto.

Los hombres no tenían ningún problema en realizar ese itinerario. Lo que no les resultaba para nada aceptable era que una mujer, y nada menos que su reina, se expusiera a semejante derrotero. Los días serían sofocantes por el sol que, bajo ningún aspecto, mitigaría sus máximas energías. Las noches se presentarían escalofriantes. El viento se ensañaría con los viajeros, lastimándoles la piel y los ojos. Habría que abastecerse de abultadas provisiones para alimentar a tanta gente, y ni que hablar del agua, que por momentos se haría casi imposible de encontrar. Los expertos intentaron convencer a Makeda de sus delirios turísticos. Pero, así como era de inteligente, también era obstinada cuando alguna cuestión la inquietaba.

En el día fijado, muy de mañana, la comitiva se lanzó al desierto. Además de lo necesario para subsistir todo ese tiempo, los camellos cargaban litros de perfumes exquisitos, kilos y kilos de oro y piedras preciosas. Una fortuna codiciable se desplazaba por las arenas infinitas.

La reina aprovechaba esos meses para repasar en su mente cada una de las preguntas que pensaba formularle al rey Salomón. Algunas eran enigmas que ella conocía y las usaría para probar la supuesta sabiduría del monarca. Otras respondían a problemas de gobierno a los cuales nadie le encontraba solución. No faltaban aquellas que se referían a ciencia o al comercio. Tendría tanto para conversar. Esperaba que el rey fuese hospitalario y se mostrara abierto ante su abultado interrogatorio.

Tanto ella como sus doncellas habían escuchado muchísimos relatos de los viajes por el desierto, pero nunca pensaron que este fuera tan extenso, tan inhóspito, tan interminable y agobiante. Todo se complicaba: comer, beber, qué ropa ponerse para soportar el calor o el frío extremo, hacer sus necesidades, soportar los dolores menstruales, dormir. El montar y desmontar sus camellos ya les resultaba aburrido e irritante. No faltaba quién preguntara cómo hacían los guías para orientarse. ¿No estarían dando vueltas en círculo y por eso no llegaban nunca?

Pero, cuando la tolerancia ya se había extinguido, por fin descubrieron Jerusalén. El corazón de Makeda palpitó de satisfacción. Antes de llegar al palacio se cambió la ropa, arregló su cabello, se untó el rostro con un aceite especial para suavizar la agresión del desierto, se perfumó con uno de los aromas que ella prefería, se colocó las joyas que mejor combinaban con su vestido, y se sintió satisfecha consigo misma.

La reina de Sabá quedó atónita al ver el palacio de Salomón. El buen gusto, los detalles de cada rincón, los colores empleados, las texturas de las piedras, de las telas, las maderas, las columnas, el techo, los pisos de un brillo inigualable. Nunca había visto un lugar tan lujoso.

El rey en persona la recibió con una gentileza que ella no esperaba. Makeda no sabía por dónde empezar con sus preguntas y qué comentarios realizar. Las palabras del primer encuentro se vieron interrumpidas por el suntuoso banquete que se sirvió para agasajar a las visitas. Las comidas que deslumbraban con sus colores y fragancias sorprendían a los comensales por ese sabor tan único y novedoso. Las bebidas frescas eran una delicia después de tantos días de desierto.

Los sirvientes desplegaban sus atenciones con exuberancia. La joven reina sentía que todos sus sentidos eran cautivados por una fascinación que nunca había experimentado.

Esa noche su cuerpo extenuado acarició la cama mullida y perfumada. Mientras sonreía recordando lo vivido ese día, se quedó dormida.

Luego del desayuno generoso, Salomón le anunció que irían al templo a ofrecer sacrificios. Le explicó detalles de sus ceremonias, de su ley, de su pueblo, de su fe en ese Dios único que regía la historia. Makeda otra vez se vio sorprendida. El resplandor que toda la construcción reflejaba parecía opacar la luz del sol.

Cada día de su estadía en Jerusalén le ofrecía nuevas sorpresas.

Lamentablemente llegó el momento de regresar a sus obligaciones y a su tierra. Con una humildad que a ella misma le asombró, se acercó a Salomón y le dijo:

—¡Todo lo que escuché en mi país acerca de tus triunfos y de tu sabiduría es cierto! No podía creer nada de eso hasta que vine y lo vi con mis propios ojos. Pero en realidad, ¡no me habían contado ni siquiera la mitad! Tanto en sabiduría como en riqueza, superas todo lo que había oído decir. ¡Dichosos tus súbditos! ¡Dichosos estos servidores tuyos, que constantemente están en tu presencia bebiendo de tu sabiduría!

Salomón la miraba en silencio. La mujer hizo una pausa y, haciendo un esfuerzo, sabiendo que estaba por decir algo que traicionaba sus mismas raíces, su identidad, sus creencias, exclamó:

—¡Alabado sea el Señor tu Dios, que se ha deleitado en ti y te ha puesto en el trono de Israel! En su eterno amor por Israel, el Señor te ha hecho rey para que gobiernes con justicia y rectitud, pues él quiere consolidar a su pueblo para siempre.

Inmediatamente dio órdenes a sus sirvientes para que le obsequiaran al rey las riquezas que habían transportado desde sus tierras. Los hombres no terminaban de acarrear bultos y más bultos. Casi cuatro mil kilos de regalos en oro, piedras preciosas y perfumes. Salomón se paseaba asombrado entre tantos aromas exóticos. Él sabía que todo esto representaba una fortuna incalculable. Nunca había percibido tantas fragancias tan exquisitas. Con la hospitalidad que le caracterizaba, el rey sorprendió a su visitante con infinidad de objetos, prendas, artesanías que habían captado su interés femenino y refinado, además de muchas otros presentes que la desconcertaron. Makeda contemplaba extasiada la generosidad del monarca.

La caravana emprendió el regreso con sus camellos más cargados que antes por los innumerables regalos que habían recibido de manos de Salomón. El regreso a casa agilizaba las patas de los animales en una carrera que se aceleraba cada vez más. A Makeda se le pasaron muy rápidos los días. Tenía tanto en qué pensar. Nunca lamentaría la locura de ese viaje, la pasión que la había dominado, los esfuerzos realizados; los padecimientos que el desierto había ejercido sobre su cuerpo y su piel habían sido la mejor inversión de su vida.

Muchos siglos después Jesús mencionó a esta mujer en una conversación con los dirigentes religiosos de su tiempo:

> La reina del Sur se levantará en el día del juicio y condenará a esta generación; porque ella vino desde los confines de la tierra para escuchar la sabiduría de Salomón, y aquí tienen ustedes a uno más grande que Salomón. (Mateo 12.42)

Para reflexionar

Nosotras no somos reinas, ni frecuentamos palacios. Nos movemos en ámbitos muy distintos. Sin embargo, cuando algo o alguien despierta nuestra curiosidad, muchas veces estamos dispuestas a «mover cielo y tierra» para ver, conocer, descubrir, vivir una experiencia que nos moviliza.

- ¿Cómo describirías la actitud de esta reina, su curiosidad, su audacia al realizar este viaje?
- ¿Por qué habrá procedido de esta manera? ¿Qué la habrá impulsado a emprender un itinerario tan riesgoso para una mujer en aquel tiempo?
- ¿Qué habrá querido decir Jesús al referirse a ella?
- ¿Cómo evaluarías tu audacia, tu compromiso, tu predisposición a jugarte la vida por ese «más grande que Salomón»?

Capítulo 15

Olvidada por la vida, pero valorada por Dios

1 Reyes 17.8-24

Una escasez sin límites se había instalado en la vida de Magui.[1] Contrajo nupcias, llena de ilusiones, con un hombre que la enriqueció nada más ni nada menos que con la llegada de un hijo. Al tiempo, la enfermedad inesperada del marido la llevó a gastar los pocos bienes que habían atesorado. La crisis se acentuó cuando la muerte le arrebató a su compañero. Y, para completar el cuadro de desolación, la sequía resquebrajaba la tierra exponiendo sus entrañas desesperadas por el agua que parecía nunca llegar. Los alimentos eran artículos de lujo.

Las noches la sorprendían desgastada por el llanto y la angustia. Cada mañana le anunciaba nuevas amarguras e incertidumbres. ¿Cómo enfrentar las necesidades que urgía la supervivencia?

No tenía espejos, pero poco a poco advertía que sus brazos y sus piernas evidenciaban sus huesos sin pudor. Su vientre gemía por el hambre que no dejaba de acompañarla a cada instante. El pequeño lloraba con más frecuencia. En medio de su dolor ella comprendía que las pocas provisiones no alcanzaban y se esfumaban sin retorno. ¿Cómo iban a sobrevivir? ¿Cómo suministrar a su hijo los alimentos necesarios para su edad de modo que no llegara a la desnutrición o a la muerte? ¿Qué opciones tenía una viuda en una sociedad donde la mujer no acostumbraba a ganarse el sustento? ¿Debería prostituirse? ¿Tendría que esperar que algún hombre le propusiera matrimonio y aceptara un hijo del difunto? Esa sería la mejor solución, pero ¿qué

---

[1] Nombre imaginario.

hacer mientras tanto? Sus recursos no eran suficientes para una espera prolongada.

En medio de su desesperanza, salió a buscar leña a las afueras de Sarepta, ciudad fenicia situada entre Tiro y Sidón. ¿Para qué seguir pensando? Iba a cocinar el último pan. ¿Después? No habría después.

De pronto, un forastero la sorprendió con su saludo. La llamó y sin ningún tipo de contemplaciones le pidió que le trajera agua y un pedazo de pan. Magui se turbó. El hombre tenía apariencias de profeta. Iba vestido con un manto de piel y con un cinturón de cuero en la cintura. La mujer sabía que hospedar a los extraños era muy valorado en la sociedad, pero ¿cómo hacerlo cuando sus manos se encontraban vacías? Sin disimular su condición respondió:

—Tan cierto como que vive el Señor tu Dios, no me queda ni un pedazo de pan; sólo tengo un puñado de harina en la tinaja y un poco de aceite en el jarro. Precisamente estaba recogiendo unos leños para llevármelos a casa y hacer una comida para mi hijo y para mí. ¡Será nuestra última comida antes de morirnos de hambre!

El profeta Elías le contestó:

—No temas. Vuelve a casa y haz lo que pensabas hacer. Pero antes prepárame un panecillo con lo que tienes, y tráemelo; luego haz algo para ti y para tu hijo. Porque así dice el Señor, Dios de Israel: «No se agotará la harina de la tinaja ni se acabará el aceite del jarro, hasta el día en que el Señor haga llover sobre la tierra».

Un frío le recorrió la espalda y el temor la sorprendió a la vez que la tranquilizaba. ¿Podía ser cierto lo que escuchaba? ¿Acaso Dios conocía sus angustias? ¿Se interesaba por sus dolores y carencias? ¿Cumpliría sus promesas? ¿O estas palabras serían un engaño de aquel hombre para sacar ventajas y dejarla sumida en una carencia total y un desenlace anticipado?

Con una lucidez encendida por la desesperación Magui evaluó la situación. En realidad, no tenía mucho que perder. De hambre se iba a morir, si no era hoy sería mañana. ¿Y si ese hombre era un verdadero profeta de Dios? ¿Y si aquello resultaba cierto? Valía la pena intentar, quizá Dios se apiadaría de una madre viuda sin recursos posibles.

Esa noche los tres compartieron un sabroso pan recién horneado. Magui se sorprendió al ver que la harina y el aceite no habían mermado. Se acostó optimista sabiendo que al día siguiente tendría provisiones.

Por mucho tiempo la mujer le dio de comer al profeta, a la vez que ella y su hijo poco a poco se olvidaban de los efectos del hambre y todo su terror. La alegría volvió a su hogar. El niño correteaba y jugaba con una algarabía escondida. Magui miraba extasiada cómo crecía y su cuerpo se hacía cada vez más fuerte. No podía dejar de agradecer a Dios que se hubiese acercado a ella. No solo le concedía lo necesario para cada día, sino que, por medio del profeta, le había enseñado a compartir lo que tenía.

Aunque la harina y el aceite no escaseaban una nueva sombra de fatalidad dejó en penumbras el corazón de esta madre. Su hijo enfermó. Cada día desmejoraba visiblemente. Le dio todos los cuidados posibles, pero la fiebre fue en aumento hasta sumirlo en un letargo que parecía irreversible. La palidez lo desfiguraba poco a poco. Magui sintió que las esperanzas se escurrían. Su imaginación le mostraba un futuro de soledad, dolor, desconsuelo. Las lágrimas interminables no alcanzaban para aliviar su corazón desgarrado. Y lo que tanto temía… se hizo realidad. Mientras observaba al niño vio que ya no respiraba. Poseída por un rencor desconocido que se había gestado en la angustia de tantas noches y días, se dirigió al profeta Elías, y con dureza le pasó la factura de todos sus males:

—¿Por qué te entrometes, hombre de Dios? ¡Viniste a recordarme mi pecado y a matar a mi hijo!

Elías, sensible al actuar de Dios y al dolor humano, le respondió:

—Dame a tu hijo.

Lo arrebató del regazo de su madre, lo cargó en sus brazos y lo llevó al cuarto de arriba donde estaba alojado. Solo, ante el Dios que servía pero que tantas veces no comprendía, desahogó su llanto y su clamor:

—Señor mi Dios, ¿también a esta viuda, que me ha dado alojamiento, la haces sufrir matándole a su hijo?

Luego se tendió tres veces sobre el muchacho y continuó implorando:

—¡Señor mi Dios, devuélvele la vida a este muchacho!

Mientras el profeta continuaba rendido ante Dios, dándole calor al niño con su propio cuerpo, esperando que la misericordia del Altísimo se hiciera presente en esa pequeña habitación de Sarepta, percibió que la vida comenzaba a palpitar con sutileza. Un aliento débil se fue afianzando, adquiriendo un ritmo natural y tranquilo. La tibieza de la sangre que bullía sorprendida coloreó las mejillas enflaquecidas del pequeño. Se movió desperezándose del sueño de la muerte. Abrió los ojos y no comprendiendo por qué estaba en el cuarto del anciano, preguntó por su madre.

Eufórico de alegría, Elías volvió a tomar al niño entre sus brazos, pero esta vez era un cuerpo saludable y lleno de vida. Bajó las escaleras mientras llamaba a Magui con su voz enronquecida por la emoción. La mujer se asomó temerosa desde su desdicha. Al ver al pequeño que intentaba escapar de las extremidades del profeta, comprendió atónita que en su humilde vivienda se había producido un milagro. Corrió a su encuentro. Abrazó al hijo que volvía a nacer. Acarició su rostro sonrosado, sus cabellos enredados y malolientes después de tantos días de postración; recorrió con sus dedos la pequeña nariz, los ojos almendrados que había heredado del padre y los labios que estrenaban una sonrisa desacostumbrada.

Magui reaccionó, miró al anciano y exclamó:

—Ahora sé que eres un hombre de Dios, y que lo que sale de tu boca es realmente la palabra del Señor.

Mientras el día iba declinando se percibía el delicioso aroma del pan recién horneado, se escuchaba la carcajada del niño y las alabanzas de una mujer que sabía que nunca más debía sentirse víctima de la vida, abandonada por Dios. El Altísimo nuevamente la había visitado. Él estaba al tanto de todas sus penurias y problemas. Nunca más estaría sola y desprotegida.

Para reflexionar

Es natural que cuando los problemas nos visitan devastando lo que somos y tenemos, cuando la calamidad se instala en nuestras familias o situaciones diarias, lo primero que hacemos es enojarnos, pensar que Dios se ha olvidado de nuestra situación, que no se interesa por nosotros mientras que a otros parece gratificar con abundancia. Esto se transforma en una crisis que nos quebranta, quita nuestras fuerzas y la poca fe que tenemos se derrumba.

- Si hubieras conocido a Magui, ¿qué habrías pensado de su situación y sus reiteradas desdichas?

- ¿Alguna vez sentiste que la vida se volvía en tu contra? ¿Conoces a alguien a quien nada le sale bien?
- ¿Has experimentado el socorro de Dios en circunstancias difíciles o en la de personas allegadas?
- Al conocer la manera en que Dios intervino en la vida de esta mujer, ¿qué podemos aprender para enfrentar las dificultades que vivimos o para ayudar a quienes sufren?

Capítulo 16

Criada de Naamán: emisaria de la gracia de Dios

2 Reyes 5.1-19a

En los tiempos en que la primavera de la vida comenzaba a despertar a Yehudit[1] de la fantasía de la infancia, ramilletes de sueños e ilusiones juveniles embriagaban sus días con perfumes y colores. Pero fue por esa época en que el destino traicionero le jugó una mala pasada, la que jamás habría podido imaginar.

La muchacha vivía en Israel, que hasta hacía unos años había mantenido un tratado de paz con pueblos vecinos. Pero, en esos momentos, las relaciones entre ellos eran dudosas e inestables y pendían de un hilo.

Esa mañana Yehudit caminaba por las afueras de su aldea. Por momentos jugueteaba con las piedritas del camino y, cuando la brisa le acariciaba el rostro con aromas vivaces, sus pies adquirían el ritmo de una danza atesorada en su memoria auditiva.

Intempestivamente, a sus espaldas, un ruido inusitado, escondido tras una nube de polvo, la despertó de la ensoñación en que estaba inmersa. Se dio vuelta para mirar. Se asombró. Se preguntó qué sería. Y antes de poder encontrar una respuesta, un hábil jinete montado en un potro acelerado extendió sus brazos y capturó su cintura con una fuerza paralizante. Antes de tomar conciencia, la niña se encontró sentada sobre el caballo, aprisionada contra el pecho rudo del hombre. A su alrededor las imágenes se sucedían rápidas como en una película de terror, todo era movimiento y ruido: soldados extranjeros que

---

[1] Nombre imaginario.

portaban armas, que exigían más celeridad a sus corceles, palabras fuertes, desconocidas, agresivas.

El shock sorpresivo e inesperado no le permitió gritar, ni intentar zafarse de esas garras humanas que a una velocidad enloquecedora la alejaban de su tierra, de su mundo, de su vida, su familia, sus amigos y sus sueños. De pronto, ante sus ojos, comenzó a desaparecer la niebla que la mantenía en estado de confusión e intuyó que allí, en ese mismo instante, se desmoronaba su infancia.

Después de un largo trayecto por un paisaje desconocido, llegaron a la paradisíaca ciudad de Damasco, capital del reino de Siria. La mente de la niña era un ovillo enredado de interrogantes, confusiones, dudas y temores. El hombre que la tenía aprisionada descendió de su cabalgadura y bajó a Yehudit. Un frío viento de realidad le abofeteó el rostro y recién en ese instante comenzó a llorar con desesperación.

La empujaron hacia un rincón donde la humedad se evidenciaba con olor a olvido. Allí continuó derramando lágrimas que afloraban siempre nuevas de sus ojos; parecían un manantial inagotable. Por momentos la angustia la asfixiaba y entonces se serenaba por unos instantes, para luego comenzar nuevamente con un acceso de llanto más atormentado aún.

Las luces del día se esfumaron con lentitud y las sombras fueron ganando terreno no solo sobre la geografía siria sino también en la mente de la niña. La oscuridad trajo consigo un tormento de terror ante el mundo desconocido que le abría las fauces como un monstruo cruel y vengativo. No podía dejar de preguntarse el por qué le estaba pasando todo eso.

De repente llegó el jinete que la había raptado de su tierra, la tomó de la mano, la levantó del suelo y la subió nuevamente al caballo. Hicieron un breve recorrido. El miedo de Yehudit continuaba creciendo. Se detuvieron ante una casa muy bien cuidada y atractiva. El hombre la ayudó a bajar y la condujo hasta la puerta. Golpeó sabiendo que lo esperaban. Salió un individuo muy fuerte, elegante, con apariencia de ser una persona poderosa. Intercambió algunas palabras incomprensibles con el recién llegado, puso su brazo musculoso sobre los hombros de la niña, cerró la puerta despidiendo al jinete y la llevó al interior de la vivienda. Allí se encontraba una hermosa mujer, quizá la más elegante que Yehudit había visto en su vida. Se acercó a la muchacha, la observó con detenimiento, le sonrió y cariñosamente la abrazó. Yehudit sintió que un perfume dulce y amaderado la rodeaba y, de alguna manera, ese aroma le transmitió algo de paz.

Le sirvieron comida que apenas si pudo probar y le señalaron un lugar para dormir. Estaba extenuada. No tenía fuerzas ni para llorar.

A la mañana siguiente encontró junto a su lecho unas túnicas de segunda mano pero que a ella le venían muy bien, ya que su única vestimenta estaba sucia y desgarrada.

Durante la mañana, una de las criadas de la mansión le indicó cuáles serían sus tareas, así como algunas normas de convivencia que estaban muy bien establecidas en esa casa. Le explicó que los amos eran amables y respetuosos, pero también esperaban eso de sus sirvientes. Ese mismo día comprendió que era una cautiva llevada a Siria, y era de esperarse que permaneciera en ese lugar como criada por el resto de sus días. También intuyó que las muchachas en su situación a menudo se convertían en concubinas del amo. Lo más saludable sería comprender que no había retorno, que allí comenzaba algo nuevo y que debía seguir, aunque sus sueños y sus recuerdos se estrellaran haciéndose añicos contra la verdad de su destino alterado.

Poco a poco Yehudit se fue acostumbrando a su nueva vida y sus accesos de llanto se iban haciendo un poco menos frecuentes. La infancia había quedado allá a lo lejos, con sus nombres, sus lugares, sus juegos, sus reliquias y, día a día, se iba desdibujando ante el presente que le presentaba muchas responsabilidades. Sin embargo, sentía que un puñal doloroso se le había clavado en el pecho y por momentos le faltaba el aire, decaían sus fuerzas, se desangraba en lamentos y preguntas sin respuestas. La angustia se tornó en una compañera inseparable de sus noches y sus días.

Una mañana, al levantarse, siendo aún muy temprano, encontró a su ama llorando con desesperación, sin pronunciar palabras. Yehudit, comprendió que no solo ella sufría, sino que esa mujer hermosa, tan bien vestida, con joyas y perfumes atrayentes, con una casa lujosa y un marido honorable, también estaba atravesando una crisis dolorosa. Se acercó con mucho respeto, la miró con ternura profunda y esperó. Su compañía enterneció a la mujer, quien sintió que ese joven corazón atormentado era capaz de comprender su angustia. Y empezó a hablar.

Su esposo Naamán era jefe del ejército del rey de Siria. Era un hombre de mucho prestigio y muy apreciado por todos, ya que gracias a su estrategia militar e intervención esforzada había dado grandes victorias al país. Era un héroe nacional. Pero, él también conocía la injusticia de la fatalidad. Desde hacía algunas semanas venía observando ciertas manchas extrañas en su cuerpo. Los médicos del lugar le habían diagnosticado la temible enfermedad de la lepra. Este mal, poco a poco, dejaba a la persona afectada como muerta en vida, un proceso degenerativo que aislaba a la persona de todo contacto social. Era considerada una afección muy contagiosa, de causas desconocidas, para la cual no existían tratamientos, lo que la hacía más alarmante y maléfica.

Mientras Yehudit la escuchaba con delicadeza, ternura y mucha atención, la mujer se desahogó como no podía hacerlo delante de su esposo ni con ninguna otra persona. Como una ráfaga fugaz por la mente de la joven pasó la idea de que esto, sin duda, era un castigo divino sobre ese hogar que había visto con buenos ojos que ella fuera desarraigada de su tierra. Pero, de pronto, disipando su reacción egoísta, un recuerdo se encendió en su memoria y ya no pudo quedar callada. Con un entusiasmo casi fuera de lugar empezó a hablar:

—Señora, en mi tierra hay un profeta de Dios que puede sanar de la lepra a su esposo.

La mujer abrió los ojos, enjugó sus lágrimas y salió corriendo para ir a buscar a su marido que aún estaba en cama, abatido por la depresión. Repitió las palabras de la muchacha. Naamán se levantó, fue a buscarla, la interrogó acerca de por qué decía eso:

—¿Es posible que un hombre me cure de esta enfermedad?

—Señor —dijo Yehudit— él ha realizado muchos milagros en nombre de Dios, incluso escuché que dio vida a un niño que ya estaba muerto.

Naamán sintió que una pequeña esperanza ponía en movimiento su cuerpo, renovaba sus energías. Se vistió con sus ropas elegantes y fue a ver al rey.

Le contó su desgracia y la noticia que la pequeña cautiva le había dado ese día. El rey, muy entusiasmado por esa posibilidad, decidió escribir una carta al rey de Israel para que le facilitara la pronta sanidad de Naamán.

Naamán, de inmediato, ya que no había nada más que esperar, buscó en sus baúles treinta mil monedas de plata, seis mil monedas de oro y diez mudas de ropa. Guardó la carta del rey, hizo preparar sus carros y sus caballos, y emprendió el viaje a Israel.

La niña de repente sintió nostalgia por su tierra. ¿Y si se fuera con ellos? ¿Si le preguntara a su amo si le permitía acompañarlo? Pero no, ahora estaba en primer lugar la salud de este hombre que la había tratado tan bien y que era tan útil a su nación. Pensó que no era el momento de pensar en ella. A pesar de su tristeza, estaba viva, estaba sana, tenía casa, trabajo, compañía, casi una familia, pero él, aunque había vivido rodeado de comodidades y prestigio ahora estaba muriendo un poquito cada día, y esto no era vida.

Naamán llegó a Israel, presentó la carta al rey y este se desesperó al leerla, creyendo que el monarca sirio usaría su incapacidad de curar al hombre como pretexto para declararle la guerra. Fue tal el alboroto que hizo el rey que el profeta Eliseo se enteró y mandó a decirle que le enviara a ese hombre.

Rápidamente los carros sirios y sus caballos llegaron a la casa del hombre de Dios. Por medio de un mensajero le ordenó al guerrero que fuera a zambullirse siete veces en el río Jordán. El hombre se molestó e indignado quiso emprender el regreso, protestando que los ríos Farfar y Abaná de su tierra, de aguas cristalinas y refrescantes, eran mejores que toda el agua de Israel. Sus acompañantes lograron convencerlo, ya que no perdía nada con intentar satisfacer las demandas del profeta.

Naamán, muy malhumorado, se dirigió hacia el Jordán, descendió al agua y comenzó a zambullirse. Pero no pasaba nada, su piel seguía tan enferma como había llegado. Ya estaba dirigiéndose a la orilla cuando sus criados le dijeron que recién iban seis veces, que debía intentar una vez más. De mala gana se sumergió nuevamente en el agua que le resultaba desagradable y hedionda, pero al hacerlo sintió como si algo rozara su cuerpo, quizá era algún pez, quizá alguna planta acuática, pero la sensación se le volvió como una caricia que le llegaba hasta la profundidad de su ser. Se incorporó, y antes de abrir los ojos escuchó que una algarabía de voces y aplausos le estremecía la piel, esa piel que se veía tan limpia como antes, tan sana como cuando era niño. Naamán comenzó a llorar, pero esta vez eran lágrimas de asombro, de misterio ante la nueva oportunidad que le daba la existencia, era el milagro de su resurrección.

Luego de visitar a Eliseo, Naamán emprendió el viaje de regreso a su hogar. No veía las horas de abrazar a su esposa, de compartirle sus vivencias. Quería disfrutar su alegría con todos los que conocía, y en especial con aquella jovencita que, aunque el destino había sido injusto con ella, le había salvado la vida.

Este hombre, antes rudo por la guerra y el dolor, ahora parecía un joven eufórico, lleno de vitalidad, que a cada instante no dejaba de repetir:

—¡Ahora sé que no hay Dios en todo el mundo, sino solo en Israel!

Al llegar a su casa, se emocionó hasta las lágrimas al besar a su mujer, y al ver a Yehudit, se dio cuenta que no era solo una cautiva que estaba en todo su derecho de rumiar cada día sus angustias, sino que era embajadora del Dios Altísimo y que, gracias a ella, su vida adquiría sentido y podía pensar nuevamente en el mañana.

Para reflexionar

Muchas veces, cuando nos sentimos víctimas del destino, nos enojamos tanto que la mezquindad y el rencor logran gobernar nuestras emociones y sentimientos. Esto impide que podamos mantener relaciones saludables con quienes nos rodean y, como un círculo vicioso, cada vez nos sumimos más en la soledad y la angustia. Poco a poco nos volvemos insensibles e indiferentes ante el sufrimiento ajeno.

Todo el dolor que esa muchacha había experimentado en su alma tierna no la había convertido en una persona hosca, atribulada, depresiva, rencorosa, sino que la había sensibilizado ante los problemas de los demás, aunque quienes sufrieran fueran las mismas personas que, de una manera u otra, habían contribuido a sus desgracias.

- ¿Por qué piensas que Yehudit actuó como lo hizo?
- ¿De qué manera podemos ayudar a otros a pesar de la difícil situación que estemos viviendo?
- ¿Has tenido alguna experiencia parecida?
- ¿Cómo podríamos ayudar a personas que han pasado por situaciones devastadoras en sus vidas?

Capítulo 17

Ester,[1] la mujer que liberó al pueblo de su inminente exterminio

Ester 1–10

Casi quinientos años antes de la primera Navidad, Hadassah, una joven huérfana, vivía con un primo mayor que la había criado como hija en el Imperio Persa, más precisamente donde hoy es Irak. Era descendiente de judíos que habían sido llevados cautivos a Babilonia.

Cuando el reinado babilonio cayó en poder de los persas, se quedaron a vivir allí. Los persas, a diferencia de los violentos y crueles asirios y babilonios, eran muy tolerantes con los pueblos que gobernaban. Ciro, el primer emperador persa, revirtió el proceso de los imperios anteriores: reunió a los prisioneros de guerra y los devolvió a sus países, junto con las imágenes de los dioses nacionales que se habían llevado a Babilonia. Así, por ejemplo, en el año 538 a.C. se les permitió a los judíos regresar a Israel. Llevaron consigo los tesoros del templo de Jerusalén, el cual debían reconstruir. Pero muchos no se animaron a emprender semejante viaje y reto tan grande.

Para los que se quedaron en un país extraño, la vida tampoco resultaba demasiado fácil. El pueblo padecía de un gran problema de identidad por estar dispersos en medio de una cultura totalmente diferente. Ya habían pasado muchos años desde que habían salido de su lugar de origen. Los que vivían por ese tiempo, como era el caso de Hadassah, no conocían su tierra, ni el majestuoso templo de Salomón

---

1 El nombre hebreo de Ester es Hadassah, y este es el que usamos en esta narrativa.

que fue destruido y reconstruido sin tanto esplendor[2] luego del exilio, ni el complejo sistema de sacrificios. Por esta razón, no estaban plenamente conscientes de su identidad. Ni sentían el afán de volver a la patria, ni echaban de menos el renombrado santuario y su culto. Sin embargo, conservaban cierta unidad e identidad gracias a su legislación, sus escritos y la memoria histórica que se continuaba transmitiendo de generación en generación.[3] A pesar de la tranquilidad en que vivían, siempre existía el peligro de alguna persecución esporádica.

La imponente ciudad residencial de los reyes de Persia era Susa, enclavada en una región que se caracterizaba por la gran cantidad de lirios multicolores que crecían allí. Se encontraba a orillas del río Ulai, unos 250 km. al este del gran río Tigris. Según la tradición persa, esta había sido la primera ciudad del mundo. Se valoraba mucho la presencia de artesanos y artistas que desplegaban todo su talento. Esto hacía que en la ciudad se priorizara en gran manera el aspecto estético: telas suntuosas, piedras y joyas muy bien trabajadas, oro y plata moldeados con exquisita creatividad, estatuas, vinos, manjares, todo lo que pudiera hacer la vida más placentera.

Por aquel entonces, el rey que gobernaba el vasto imperio (que se extendía desde las fronteras con la India hasta las de Etiopía) era Asuero (o Jerjes).[4] Su palacio había sido construido por Darío, un monarca anterior, sobre una terraza artificial de 12 hectáreas.

Persia podía controlar territorios extensos gracias a la sabia administración de su gobierno. El imperio estaba dividido en provincias, y cada una tenía su propio gobernante. Se alentaba a los pueblos a seguir con sus costumbres y a adorar a sus dioses, lo cual contribuía a mantenerlos contentos.

Durante el tercer año de su reinado, Asuero decidió hacer un gran banquete al que fueron invitados todos los funcionarios y servidores, jefes militares y gobernadores de las 127 provincias. Este banquete duró nada menos que seis meses. Durante 180 días les dio alojamiento, comida y entretenimientos a huéspedes provenientes de los diferentes

---

[2] Zorobabel lo reconstruyó en el 515 a.C.

[3] Se cree que por aquellas épocas surgieron las sinagogas como centros de reunión, estudio y oración.

[4] Gobernó desde el 486-465 a.C.

lugares de su amplio imperio e hizo exhibición ante ellos de la enorme riqueza de su reino y su esplendorosa majestuosidad. Todos se quedaron boquiabiertos.

Me imagino a Hadassah, sus amigas y todo el vecindario, mirando de lejos lo que sucedía o imaginando anécdotas de tantos forasteros importantes de latitudes tan distantes.

Cuando todos estos visitantes se marcharon, el rey decidió hacer otro banquete más sencillo. Este duró solo siete días, pero se invitó a toda la ciudad, a todos los que quisieran asistir, tanto los más importantes como aquellos de menor rango. Este se realizó en el jardín interior del palacio. La población no dejaba de admirar las cortinas blancas y azules, sostenidas por cordones de lino blanco y púrpura, los cuales pasaban por anillos de plata sujetos a columnas de mármol. Los sofás eran de oro y plata, ubicados sobre un piso increíble de mármol y piedras preciosas. El vino, que era para el consumo de todos, se servía en copas de oro tallado en formas curiosas. La generosidad, el buen gusto y la riqueza del lugar dejaban atónitos a cualquiera.

La reina Vasti, esposa del rey Asuero, también ofreció un banquete para las mujeres en otra sección del palacio.

Luego de siete días de comidas exquisitas y exóticas, de beber el mejor vino sin ningún tipo de discreción, el rey y sus invitados estaban bastante alegres. La ambición de exhibir las conquistas aún no había terminado. Pidió a sus sirvientes que hiciesen venir a la reina, engalanada con sus finos atuendos y su hermosa corona, para que la población quedase asombrada de su belleza. Pero, ya en esa época, había mujeres que se resistían a ser un simple objeto de decoración para los hombres, y Vasti tuvo la mala idea de negarse a la petición del rey.

El monarca se enfureció. Reunió enseguida a sus consejeros, a los conocedores de las leyes, y preguntó qué debía hacerse ante esta actitud de la reina. Obviamente nadie se preguntó por qué la reina se había negado: si no se sentía bien, si estaba cansada de la conducta caprichosa de su esposo, si… ¡vaya a saber qué! Todos los hombres presentes pensaron en ellos, en su rol de esposo y en el peligro que corrían si este incidente se pasaba por alto. ¿Qué pasaría cuando sus esposas supieran lo ocurrido? ¿Qué argumentos usarían para someterlas si ni la reina acataba las órdenes del rey? Y la orden cayó inexorable:

«¡La reina debe ser destituida del trono y ser reemplazada por una mejor, una que se someta!»

Esta decisión se puso por escrito y se enviaron cartas a todo el imperio, a cada una de las provincias, escritas en diferentes idiomas, según los pueblos adonde se dirigían.

La noticia cundió por toda la ciudad. Hadassah y sus amigas cuchicheaban sobre semejante revuelo. ¡La reina había desafiado al rey! ¡Increíble! ¡Nunca se había escuchado semejante noticia! ¿Cómo podía esta mujer desobedecer a su esposo, y nada menos cuando su esposo era el rey de semejante imperio?

Pasó el tiempo y el rey comenzó a sentirse solo. Entonces sus ayudantes le dijeron que era el momento de que buscase una nueva esposa. Pero ¿cómo encontrar la mujer adecuada para un monarca? Para tal proyecto se nombraron delegados en cada provincia a fin de que buscaran las jóvenes más destacadas por sus encantos físicos.

Esta noticia recorrió la ciudad de Susa. Las jóvenes se miraban entre sí y se decían una a la otra:

—¡Tú puedes participar de esa selección! ¡Eres hermosa!

—No, yo no soy elegante.

—Soy muy delgada.

—Tengo el cabello muy rebelde.

Las chicas de la región estaban sobresaltadas. Esta era la gran oportunidad soñada que podía transformar sus vidas para siempre. Participar de un concurso de belleza no era poca cosa, y llegar a ser la esposa del rey, ¡ni que hablar! «¿Quién sabe si este es el momento de suerte que puede cambiar mi vida?», pensaban todas.

Hadassah se distinguía por su gracia y encanto. Los delegados imperiales la descubrieron y la llevaron al palacio a concursar para ser esposa del rey. Se despidió muy nerviosa de su primo Mardoqueo, quien no dejó de hacerle recomendaciones y, sobre todo, le pidió que mantuviese en secreto su origen judío.

Durante un año las candidatas fueron sometidas a un intenso tratamiento de belleza: seis meses recibieron masajes con aceites especiales y otros seis meses con cremas y cosméticos de primera línea. Se las alimentaba según las mejores dietas del momento y se les enseñaba normas de elegancia, corrección, cortesía. Todo sumaba a la hora de presentarse ante el mismísimo rey para recibir su veredicto.

Tras largos meses, llegó el día en que Hadassah tenía que presentarse ante el rey. Estaba muy nerviosa. No sólo por tener que concursar ante semejante jurado, sino también porque eso implicaba entregar su virginidad al soberano.

El monarca quedó muy complacido con la muchacha. Sin pensarlo más, la coronó y proclamó como la nueva reina. Era tal la euforia de Asuero que ofreció un gran banquete para todos los oficiales y altos funcionarios, rebajó impuestos e hizo generosos regalos.

Así fue como una joven de ascendencia judía pasó a ser la reina del Imperio Persa. Sus padres habían sido llevados cautivos por los babilonios, y ella, ahora, era reina de un imperio aún mayor. ¡Qué locura! ¿Quién podría haber imaginado algo así? ¡Las vueltas que tiene la vida! Pero eso sí, como le había dicho su padre adoptivo, debía mantener su origen en el más absoluto de los secretos. Hadassah (o Ester, parece que empezó a usar este nombre una vez que fue hecha reina), al verse rodeada de tanto lujo, pensó en sus padres, y se dijo a sí misma: «¿Quién sabe si este no será el momento en que por fin se haga justicia a todo lo que ellos y tantos otros tuvieron que sufrir? ¡Qué privilegio el mío!»

Sin embargo, las comodidades y las excentricidades de la corte poco a poco comenzaron a desdibujar su origen ante la nueva identidad que le había concedido el destino.

Su primo se paseaba todos los días por las afueras del palacio para recibir noticias de cómo estaba la joven. Él se mantenía alerta. Si bien reconocía la generosidad de los persas, los antiguos recuerdos no le permitían bajar la guardia. Su vigilia en las inmediaciones de la corte le permitió enterarse de un complot que el más destacado de los funcionarios reales empezó a tramar contra todos los judíos del imperio. Transcurría el primer mes de ese año y, luego de echar suertes (*purim*), salió elegido el día 13 del mes doce para hacer el gran exterminio. Se promulgó un edicto que recorrió todas las provincias, todos los pueblos, todas las aldeas. Al enterarse de semejante noticia, el terror invadió cada hogar de familias judías. Había llegado lo que tanto temían. La suerte estaba echada y no se podría ir en contra de una orden sellada por el rey.

Cuando Mardoqueo reparó del peligro que corría su pueblo, se rasgó la ropa y se puso una tela áspera que usaban en tiempos de luto por la muerte de algún ser querido; se cubrió de cenizas y salió a la calle como loco, gritando con una angustia fuera de control. (Esto mismo hicieron todos los judíos en el vasto territorio.) Se instaló en las afueras del palacio y allí permaneció con ese aspecto macabro proclamando su desesperación.

Cuando Ester se enteró, le envió ropas adecuadas, pero él se negó a recibirlas. Entonces la joven, muy preocupada, mandó a un sirviente con la misión de averiguar qué sucedía. Mardoqueo le entregó una copia del edicto para que se la hiciese llegar a la reina y le pidió que ella debía intervenir ante el rey para pedir clemencia para su pueblo.

Ester se desesperó. Conversaron con su sirviente acerca de la ley vigente que condenaba a muerte a todos los hombres y mujeres que osaran entrar en el patio interior del palacio sin haber sido llamados por el rey, a no ser que el soberano extendiera su cetro de oro hacia esa persona permitiéndole la entrada. Le pidió que fuera a hablar con Mardoqueo y le explicara que hace treinta días que el monarca no la llamaba y que no podría presentarse ante él por su propia iniciativa.

La respuesta de Mardoqueo fue cortante:

—No pienses que por estar en el palacio estás a salvo de la suerte que está echada sobre todos los judíos. Si no te atreves a interceder en una situación como esta, el consuelo y la liberación de los judíos vendrán de otra parte, pero tú y tu familia morirán. ¡Quién sabe si no has llegado al trono precisamente para un momento como éste!

Cuando el sirviente le transmitió esas palabras, Ester sintió que un frío recorrió todo su cuerpo. Se miró al espejo y percibió que todos los aceites, las cremas, los exquisitos perfumes, las nutritivas comidas y los vinos energizantes no podían ocultar la verdad de su origen. ¡Ella era judía! Parecía que el espejo, a pesar de no ser muy nítida la imagen que le devolvía, declaraba a gritos quién era realmente. Y se dio cuenta que efectivamente, su primo tenía razón. El que ella hubiese llegado al trono en ese momento no era un mérito propio, ni siquiera su belleza y su gracia eran algo que ella se había esforzado en conseguir. Todo lo que era y tenía le había sido dado. El camino que se le había abierto y las posibilidades alcanzadas no habían sido pura casualidad. Parecía que una mano invisible había alineado las agujas de su tiempo con las coordenadas de esa tierra para jugarse la vida por su pueblo. ¿Ella? ¿Una mujer? ¿Debía exponerse a morir por tomar una iniciativa prohibida? Sin duda, ¡para algo estaba aquí en este momento!

Pensó, se paseó por el palacio, se dejó caer sobre el lujoso sillón de oro de su habitación, se arropó con cobijas sedosas, volvió a caminar nerviosa y, luego de muchas idas y venidas, tomó la decisión. Llamó a su sirviente. Le pidió que dijera a Mardoqueo que reuniera a todos los judíos de la ciudad para que ayunaran por ella, sin comer ni beber nada durante tres días y tres noches. Ella y sus doncellas harían lo mismo. Pasado ese tiempo se jugaría la vida por su pueblo.

Pasaron tres días tétricos, con un sabor permanente de terror, angustia e impotencia. Finalmente, Ester se presentó ante el rey. Manejó la situación con mucha habilidad. El rey se asombró ante la valentía de su esposa y de los justos reclamos que ella hacía. Y, por fin, luego de varias horas, el rey dictó la sentencia. El exterminado sería nada menos que quien había dado la orden en contra de los judíos y estos serían salvados por un edicto real que muy pronto sería difundido por todo el imperio.

Mardoqueo fue vestido con ropas reales de color azul y blanco, una gran corona de oro, y un manto de lino fino color púrpura. La ciudad estalló en gritos de victoria. Para los judíos ese fue un tiempo de esperanza y alegría, de fiesta y triunfo.

El día fijado para el exterminio durante el duodécimo mes fue un día de festejo en que los judíos intercambiaron regalos, ayudaron a los pobres, y se transformó su dolor en fiesta de celebración. Desde entonces se festeja el día de *Purim*. Ester fue quien dio las instrucciones de cómo debía celebrarse esta fiesta a lo largo de la historia. Ester comprendió que, por una muy buena razón, había llegado en ese momento a donde estaba.

Para reflexionar

Muchas veces pensamos, o decimos con mal humor, que no sabemos por qué nos tocó nacer o vivir en este tiempo y en este lugar. No siempre estamos conformes con el lugar y la época en que se desarrolla nuestra existencia. Seguramente que Ester sintió lo mismo en aquellos días tan difíciles. Pero es curioso pensar que Dios eligió a una mujer para traer liberación a todo un pueblo. Él fue quien la puso en aquel lugar y en ese momento para que, por medio de ella, actúe a un nivel de poder y de toma de decisiones que quizá nadie más hubiese podido llegar.

Pero, sin duda, Dios nos coloca en la historia cuando y donde lo considere oportuno para sus planes. Ser consciente de ello nos ayudará a encontrar el sentido de nuestra vida y nuestra misión de acuerdo con la divina voluntad.

- Luego de pensar en la vida de Hadassah (Ester), lee Hechos 17.24-28. Lee varias veces este párrafo de la Biblia. ¿Qué ideas te llaman la atención?
- Observa el v. 26. ¿Qué te dice en cuanto a la historia del mundo y a tu propia historia?
- Intenta dibujarte en un papel en el «aquí y ahora» que te ha tocado vivir (situación histórica, contexto en el que transcurren tus días, personas con quienes te relacionas, problemas que enfrentas, oportunidades que se te presentan, etc.). ¿Cómo te sientes al ver ese dibujo?
- ¿Cuál te parece que será el papel que Dios espera que juegues en este tiempo y en el lugar en que estás?

Capítulo 18

Perfil de la mujer ideal

Proverbios 31.10-31

El libro de Proverbios no se preocupa por el aspecto religioso. En él no aparecen los temas que le interesan a la teología, sino que por el contrario es un manual de refranes y poemas que nos muestran cómo comportarnos en el día a día, en las sabias relaciones con uno mismo y con los demás. Se interesa por la sabiduría, que es el arte de vivir en este mundo, y abarca todas las esferas de la vida.

En varias ocasiones habla de la mujer en forma bastante despectiva, pero al finalizar el libro nos sorprende con un poema que no esperábamos. En él se hace una descripción muy detallada de cómo sería el ideal de mujer y madre. Al leerlo nos sentimos abrumadas y agotadas. ¡Es imposible lograr lo que allí se propone! ¡No nos alcanzaría la vida para hacer todo lo que esa mujer logra realizar! ¿Por qué razón estará incluido este poema en este libro? ¿Qué intentará decir el autor?

Seguramente no estamos en condiciones de responder cabalmente a estas preguntas, pero intentaremos observar lo que este poema nos propone.

Este texto, como el resto del libro, es poético. Una de las características de la poesía es el lenguaje figurado, metafórico.

El poeta llama a esta mujer *eshet jayil*, que podría entenderse como «mujer de poder», «mujer valerosa». Las diferentes versiones de la Biblia en español traducen esa expresión hebrea de la siguiente manera: «mujer virtuosa»,[1] «mujer hacendosa»,[2]

---

[1] Reina-Valera 1960.
[2] Nueva Biblia Española.

«mujer ideal»,[3] «mujer completa»,[4] «mujer ejemplar»,[5] «esposa extraordinaria»,[6] «buena ama de casa»,[7] «mujer de carácter».[8]

Para descifrar el porqué de tan variadas traducciones es necesario considerar cómo se ha explicado el término *jayil* cuando este se emplea para un varón o una mujer. Por ejemplo, este vocablo se utiliza tanto para describir a Rut como para referirse a Booz. De ella se dice que es ejemplar, virtuosa, extraordinaria, buena; mientras que a Booz se lo caracteriza como rico, influyente, importante, de buena posición, ilustre, poderoso. ¿Por qué tanta diferencia de significado cuando una misma palabra acompaña a un hombre o una mujer? Sin duda que aquí se refleja el horizonte cultural de los traductores.

Este elogio a modo de epílogo del libro de Proverbios tiene como objetivo presentar un resumen de toda la enseñanza acerca de la sabiduría y de su puesta en práctica. Lo que llama la atención es que el autor no lo hace usando como modelo a un hombre sino a una mujer, lo cual es inusitado y revolucionario, sobre todo para la época en que fue escrito. Las cualidades y virtudes del sujeto del poema manifiestan todo lo que se puede pensar de una persona sabia, ya fuese un varón o una mujer.

De ninguna manera el texto presenta a una mujer sometida al marido o siguiendo las pautas establecidas por la sociedad.

En primer lugar, a esta mujer se la relaciona con verbos que demuestran acción. Por ejemplo, se dice que busca, trabaja, trae, se levanta, da, compra, planta, ciñe, esfuerza, aplica, alarga, extiende, hace, vende.

También aparecen verbos que indican su poder social: comunica y asegura confianza, es una persona que hace el bien, tiene una voluntad fuerte y persistente, no se echa atrás, es una persona de honor, previsora, muy conocedora y sabia.

El autor de este libro sapiencial no tenía por intención asignar a las mujeres una lista imposible de cosas para hacer, sino extender ante

---

3 Biblia de Jerusalén 2009.
4 Biblia de Jerusalén 1976.
5 Reina-Valera Contemporánea, Dios Habla Hoy, Nueva Versión Internacional.
6 Traducción en Lenguaje Actual.
7 El Libro del Pueblo de Dios.
8 La Biblia Latinoamericana.

ellas las muchas oportunidades que se les presentan para dar uso a sus capacidades de maneras productivas, y que a su vez otorguen sentido de realización y tengan un impacto benefactor en el entorno en que vive.

En lugar de limitar las funciones de las mujeres o de crearles una carga más pesada, amplía sus horizontes de vida.

Las mujeres, al igual que los varones, fueron creadas para desarrollar al máximo sus dones y posibilidades a fin de que se sientan realizadas y ejerzan una influencia positiva en quienes les rodean, ya sean cónyuge, hijos, padres, amigos, clientes o la sociedad en general.

Es una bendición ser mujer, y el ser una mujer sabia, fuerte, temerosa de Dios, bendice a otros de maneras que resultan imposibles de calcular.

Para reflexionar

Seguramente al leer este poema lo primero que pensaste fue cómo podría una mujer tener tiempo suficiente para hacer tantas cosas. Y, posiblemente, se te ocurrió que en realidad no hacía referencia a una sola, sino que representa a todas.

Es curioso que en una época en que a la mayoría de las mujeres no se las tomaba en serio excepto en lo que se refería a la maternidad, el escritor se atrevió a presentar un cuadro de una mujer como una creación gloriosa, vibrante, competente e inteligente.

Una mujer puede tener muchos rostros y cumplir muchas funciones, que incluso pueden ir cambiando en las diferentes estaciones de su vida. Lo que de alguna manera este poema deja en claro es que ella obtiene su fuerza del Señor con el fin de entregar su vida en beneficio de otros. Es posible que su labor creativa llene sus días de un sinnúmero de actividades, o bien es posible que solo desarrolle una o dos tareas a las que se entrega por completo. ¿Y cuál es su recompensa? La valoración de los que la conocen, su impacto social, ser reconocida, por sobre todas las cosas, como una mujer que ante todo ama al Señor.

- ¿Has escuchado hablar en la iglesia acerca de este poema? ¿Cómo se lo presentó?
- ¿Cuál te parece que es el principal mensaje que transmite a las mujeres de hoy?

- ¿Cómo evaluarías tu vida al mirarte en el espejo que presenta este poema?
- ¿Cómo puede servir de orientación vocacional o restauración de una autoestima sana para tu vida y de las mujeres que conoces?
- ¿Cómo podrías utilizar este texto para animar a mujeres de tu entorno y para mostrar el valor de ellas en una sociedad que aún las relega a un segundo plano?

Capítulo 19

Elisabet y los tiempos de Dios

Lucas 1.5-25; 39-80

Cuando esa tarde la anciana Elisabet vio llegar a su esposo, presintió que nada sería como antes. Pensó que había sufrido algún tipo de accidente. Se había ausentado del hogar desde hacía unos días para viajar a Jerusalén, ya que a su grupo sacerdotal le tocaba el turno de ofrecer sacrificios de incienso en el templo. La mirada de Zacarías se veía luminosa, pero dejaba traslucir que su mente deliraba. Su semblante irradiaba una alegría desconocida, olvidada.

Se acercó corriendo para abrazarlo, lo miró a los ojos y, aunque conocía todas las expresiones de su esposo después de tantos años de convivencia, no pudo descifrar qué le sucedía. Con temor le preguntó:

—Zacarías, ¿qué ocurrió? ¿Alguna mala noticia? ¿Algún problema en Jerusalén?

El anciano la miró sonriente y la abrazó con un renovado afecto. Pero, por más que sus labios intentaron balbucear palabras, su voz silenciada asustó más a su esposa.

—¿Qué te pasa? ¿Te sientes bien? ¿Estás enfermo?

El hombre comenzó a gesticular. Con sus manos le hizo señas que esperara, que se detuviera y no se asustara. La mujer lo miraba azorada. Por medio de señas, Zacarías le describía un altar y la manera en que realizaba su oficio de sacerdote. Elisabet interrumpió:

—Sí, cuando estabas en el templo quemando el incienso, ¿qué ocurrió?

El anciano señaló hacia arriba, desplazó sus brazos en un movimiento descendente, luego los agitó simulando un batir de alas y finalmente se tocó los ojos.

—¿Se te apareció un ángel? ¿Lo viste?

La mujer preguntó con sospecha, como si su esposo hablara incoherencias. El hombre movió su cabeza en sentido afirmativo, luego hizo señas de que el enviado de Dios le había hablado.

—¿Te habló? ¿Qué dijo?

Zacarías abrazó a la mujer, le tocó el abdomen y sus manos dibujaron un vientre abultado. Ella no entendía lo que su esposo intentaba decirle.

Zacarías volvió a asentir con su cabeza y sus brazos acunaron al bebé que veía en su mente pero que no podía nombrar.

Elisabet no entendía; todo eso era muy raro. Los dos ya eran muy ancianos. Por años habían clamado y esperado un hijo de parte de Dios, pero la respuesta nunca había llegado. Se tocó donde su esposo había puesto la mano y se acordó que ya hacía mucho tiempo que no menstruaba más. La maternidad había pasado de largo por su vida dejando en ambos un sabor amargo. Pero ¿ahora? ¡Ya era demasiado tarde! Recordó tantos intentos fallidos, tantas esperanzas frustradas, tantas ilusiones que se habían desvanecido. ¿Qué era esto que intentaba comunicarle su esposo? Su cabeza se movía en una negativa constante explicando que aquella noticia era imposible.

Pero al comprobar que las palabras del hombre se desvanecían en el aire sin plasmarse en sonidos y ver su rostro rejuvenecido por la alegría, comprendió que era cierto: ¡Zacarías había tenido una visión, había sido visitado por un enviado celestial! Dios los sorprendía otra vez, pero ahora otorgándoles lo que por casi toda una vida les había negado.

Los ancianos giraron entrelazados por la euforia. La gratitud los hizo danzar. Un nuevo ardor despertó sus cuerpos con una pasión que hacía mucho no los visitaba. Se amaron en cuerpo y alma. Rieron y lloraron de alegría.

Elizabet poco a poco comenzó a experimentar malestares desconocidos, la ropa le quedaba más ceñida, sentía molestias en el vientre, hasta que la maternidad esperada se hizo evidente. Y permaneció en su casa, haciendo reposo y meditando en cómo la gloria del Señor se había manifestado en la intimidad de su hogar, en lo más secreto de su cuerpo, cuando todo parecía imposible. Alababa a Dios que le había quitado la vergüenza social que representaba ser estéril.

La anciana se sentía pesada con sus seis meses de embarazo. ¡Cuánto necesitaba de alguien que viniera a ayudarla, a acompañarla, con quien poder hablar en confianza, compartir esta experiencia ansiada y única en su vida! Pero no tenía a nadie cerca. Mientras pensaba en esto, alguien golpeó a su puerta. ¡No lo podía creer! Una parienta que vivía al norte, en la región de Galilea, y que era una niña cuando la había visto por última vez, había llegado a visitarla. Pero ¡qué extraño! Al escuchar el saludo de María, sintió que la criatura saltaba en su vientre. Elisabet, inspirada por el Espíritu de Dios, se sorprendió y exclamó:

—María, ¡bendita tú entre las mujeres, y bendito el hijo que darás a luz! ¿Cómo es esto, que la madre de mi Señor venga a verme? ¡Dichosa tú que has creído porque lo que el Señor te ha dicho se cumplirá!

Elisabet no entendía cómo se había enterado María de su estado y su necesidad de compañía, y al mismo tiempo una sensación de plenitud espiritual le comunicaba una noticia increíble: esa muchacha sería la madre del Mesías tan esperado durante siglos.

Y la gloria del Señor llenó el lugar donde ambas mujeres se fundieron en un abrazo. Ambas compartían una manifestación de la gracia de Dios que resultaba incomprensible. Ambas eran testigos de cómo Dios se había hecho evidente en sus vidas, a pesar de que no estaban dadas las condiciones para que las cosas sucedieran así. María se quedó allí hasta que nació la criatura.

La noticia del alumbramiento recorrió la región. No hubo pariente, ni vecino, ni amigo, que no se hiciera presente en el hogar de Zacarías. La noticia dejó absorto al poblado. Era demasiado increíble lo que sucedía. Todos querían ser testigos de la misericordia de Dios con esa pareja de ancianos. Hubo festejos, bullicio, risas, alabanzas. ¡La gloria del Señor se había manifestado entre ellos!

A los ocho días, en el momento en que se acostumbraba circuncidar a los varones, era cuando se le ponía el nombre al recién nacido. Como siempre que nace un niño, todos opinaban y sugerían sus preferencias en cuanto a cómo llamarlo, hasta que la decisión fue unánime:

—Debe llamarse Zacarías.

Elisabet había leído de labios de su esposo que el ángel le había indicado que debía llamarse Juan. Al notar la insistencia de los presentes, lo llamó y le dijo que todos querían ponerle el nombre paterno. Zacarías tomó una tablilla y escribió:

—Su nombre es Juan.

Todos quedaron asombrados, ya que nadie en la familia llevaba ese nombre. Pero más se asombraron cuando escucharon la olvidada voz de Zacarías que retumbaba con alegría en las viejas paredes de la vivienda. El flamante padre recordó la visita del ángel, su incredulidad ante la noticia y cómo se le había dicho que por no creer quedaría mudo hasta que todo se cumpliera.

El anciano sacerdote proclamó a viva voz lo que había guardado en su corazón durante tantos meses. Los presentes escucharon con asombro y reverencia sus alabanzas que se habían gestado en silencio y que en ese momento afloraban espontáneas al ver al pequeño que dormía entre sus brazos.

—Bendito sea el Señor, porque ha venido a rescatar a su pueblo. Nos concedió que fuéramos libres del temor para que le sirviéramos con santidad y justicia, viviendo en su presencia todos nuestros días. Y tú, hijito mío, serás llamado profeta del Altísimo, porque irás delante del Señor para prepararle el camino. Darás a conocer a su pueblo la salvación gracias a la misericordia de nuestro Dios. El sol naciente nos visitará desde el cielo para dar luz a los que viven en oscuridad y guiar nuestros pasos por la senda de la paz.

El niño creció y se hizo hombre. Desde pequeño sus padres le explicaron cómo había sido su concepción y nacimiento. Siendo muy joven comprendió que él tenía un ministerio importantísimo delante de Dios. El hecho de que sus padres fuesen ancianos hizo que Juan tuviera que hacerse fuerte e independiente antes de tiempo. Disfrutó de la vida dura del desierto en soledad con Dios hasta que llegó la hora de comenzar su trabajo.

Elisabet, hasta el día de su muerte, no dejó de recordar cómo Dios la sorprendió, cómo contestó sus ruegos, aunque ella pensaba que ya era demasiado tarde. A todos los que la visitaban les decía:

—Nunca pierdas las esperanzas; los tiempos de Dios no son como los nuestros.

Para reflexionar

Muchas veces nos sentimos frustradas porque pareciera que Dios estuviera ausente de la dura realidad que nos toca enfrentar, sin embargo, el Señor aún quiere y puede manifestar su gloria en la intimidad de nuestras vidas, de nuestro hogar, de nuestras relaciones, de nuestra comunidad.

Él no tiene límites para hacerlo. No hay impedimentos para concretar lo que desea hacer en nosotros. Que el Señor nos dé la fe y la capacidad de reconocer sus intervenciones increíbles y misericordiosas en nuestra vida cotidiana, aunque parezca que las condiciones no están dadas y las posibilidades humanas se presenten desfavorables. Lo que Dios haga en nuestra intimidad traerá fruto, tanto entre quienes están cerca nuestro como en quienes están más lejos. Y entonces nuestra historia no volverá a ser la misma de antes.

- ¿Cómo se habrá sentido Elisabet al ver que había perdido todas sus oportunidades de realizarse como madre (y, en esa época, como mujer)?
- ¿Qué habrá pensado y sentido al ver que Dios le concedía sus peticiones a pesar de que ya era demasiado tarde y la respuesta era imposible?
- ¿Cómo te sientes cuando ves que Dios se demora en cumplir tus expectativas? ¿Cómo afecta esto en tu vida, en tus relaciones, en tu fe?
- ¿De qué manera este relato puede darte fuerzas para continuar esperando algo que ansías desde hace mucho tiempo?

Capítulo 20

María de Nazaret, una mujer sumisa a los planes de Dios[1]

Lucas 1.26-38; 46-55; 2.8-40; Mateo 2.1-12

Yo soy María. Desde pequeña he amado a Dios con todo mi ser. Aunque por ser mujer no tuve la oportunidad de recibir instrucción en la sinagoga y cada vez que asistía a los cultos escuchaba de lejos la lectura de la Ley, de los Profetas y de los Escritos poéticos. Siempre me cautivaron. Como tengo muy buena memoria comencé a retener en mi mente lo que allí se leía.

Nunca olvidaré aquel día. Estaba en mi casa haciendo las tareas que mi madre me había asignado. Pronto me casaría con un buen hombre al cual mi padre le había concedido mi mano. En ese momento estaba sola, pensando, imaginando el futuro. Cuando, de pronto, alguien me sorprendió. Esa visita inesperada y maravillosa me erizó la piel. No solo por lo extraña y asombrosa sino por el tremendo desafío que me presentaba. Me dijo que Dios me había elegido para una misión especial, increíble. ¡Nada menos que para ser la madre de la persona más esperada por mi pueblo, del Mesías, del Salvador! Pero yo era soltera, e innumerables pensamientos atravesaron por mi cabeza. ¿Cómo podía quedar embarazada? ¿Qué diría José? ¿Qué dirían mis padres? ¿Qué diría el pueblo? ¿Me apedrearían? ¿Cómo yo, una jovencita pobre, común, sin educación, sin nada, podría criar a alguien tan especial?

Las preguntas seguían apareciendo, pero no tenía respuestas. No sé por qué reaccioné como lo hice, si fue por el aturdimiento, si fue por

---

[1] Narrado en primera persona.

fe, si fue por amor, si fue por sorpresa, si fue por gratitud, o quizá por todo eso. Pero le dije que sí, que aceptaba el desafío. Era consciente de que, aunque no sabía cómo, ese desafío transformaría mi vida, todo mi futuro y existencia. Ya no volvería a ser la misma. E incluso… ¡cambiaría la historia!

Su gloria invadió mi ser por aquellos días y mi voz no dejaba de alabar al Señor, porque me había mirado a mí, que era tan humilde, y haría grandes cosas a través de mi cuerpo y de mi existencia. Comprendí que él estaba a favor de los marginados, los oprimidos, los olvidados de la tierra y que su justicia era increíble.

No me alcanzarían los días para contarles las sorpresas y desafíos que él ha traído a mi vida y a la de todos los que tuvieron el privilegio de estar cerca de Jesús. Por ejemplo, cuando nació y llegaron los pastores, a quienes los ángeles les habían dado la buena noticia. O cuando fuimos a circuncidarlo y allí estaban Simeón y Ana, ambos ancianos reconocieron que él sería el Mesías. O cuando desde muy lejos llegaron los sabios trayendo regalos porque una estrella había anunciado el nacimiento de un nuevo rey. O cuando a los doce años Jesús se quedó dialogando con los maestros de la ley en el templo. O que prefería rodearse de gente sencilla, que lo necesitaba, en cambio de estar con nosotros, su familia.[2] Todas esas circunstancias inexplicables, me generaban un gran asombro y las atesoraba en mi corazón de madre, expectante, sabiendo que Dios haría algo grande con este hijo increíble.

No sé por qué hoy recuerdo un día en especial. Fue en un casamiento que se celebró en una aldea llamada Caná.[3]

Yo ya estaba allí para colaborar con la familia en todos los preparativos del evento. Me alegré mucho al saber que habían invitado a Jesús y a algunos de sus recientes seguidores. Hacía poco que Jesús había decidido dejar la casa paterna y seguir el camino para el cual había nacido de mi vientre y al cual el Padre lo llamaba.

Cuando llegó a la fiesta le noté una mirada diferente. En esos últimos días había estado con Juan el Bautista y allí había conocido a algunos de estos muchachos que lo acompañaban. Por sus ojos, por la luz de su rostro, enseguida supe que por fin había llegado el tiempo en

---

[2] Marcos 3.31-34.
[3] Juan 2.1-12.

que él comenzaría a mostrar quién era realmente. Parecía que ahora tenía muy en claro cuál era su misión, como si hubiese tenido alguna confirmación especial.

La fiesta se desarrolló de manera emotiva, con mucha alegría. No faltaron las exquisitas comidas, los vinos aromáticos, el murmullo de la gente, las risas, los augurios de felicidad y de muchos hijos. Pero, a medida que pasaban las horas, comencé a percibir que algo pasaba, como si con las miradas un imprevisto se comentara entre murmullos. Me acerqué a donde estaban los sirvientes y allí comprobé que el nerviosismo estaba poniendo de muy mal humor al encargado de la fiesta. Escuché sus reproches:

—¡No! ¡No puede pasar esto! ¿Pero cómo han distribuido el vino? ¿Han tomado más de lo previsto? ¡Los cálculos estaban bien hechos! ¿Hay más invitados de lo que se esperaba? ¡Esto no me gusta nada! ¡Esta es una verdadera tragedia!

Fue en ese momento en que, sin que me vieran, me acerqué a Jesús y le dije lo que sucedía en voz muy baja, para que nadie me escuchara:

—Ya no tienen vino.

Jesús me miró con sus ojos tiernos y me contestó, muy seguro de sí mismo:

—Madre, ese no es asunto nuestro. Aún no ha llegado el momento de que yo les diga quién soy.

Pero yo lo conocía muy bien. Sabía cómo era su corazón y lo sabio que era. Seguramente tendría alguna buena idea. Quizá iría a comprar vino. La verdad es que ignoraba qué solución encontraría, pero intuí que no se mantendría indiferente ante esta necesidad que podría llegar a malograr toda la fiesta, incluso a crear enemistades en la familia.

Sin que Jesús me viera, me acerqué a los sirvientes y les di un consejo basado en mi propia experiencia ante la forma de actuar de Dios. Les dije, también en voz muy baja:

—Hagan lo que él les diga— y señalé con la mirada a Jesús.

Pasaron unos instantes. Vi que Jesús se acercaba a los sirvientes, casi sin ser visto, y les señaló las seis grandes tinajas de piedra que se habían usado para la purificación de todos los asistentes a la fiesta. Me acerqué un poco, sin dejarme ver. No quería que Jesús pensara que lo espiaba. Escuché que decía algo así:

—Llenen de agua esas tinajas.

A mí me sorprendió. ¿En qué estaría pensando? ¿Creería que ahora que todos estaban un poco alegres se conformarían con tomar agua? La verdad que no entendía qué estaba planeando.

Los sirvientes me miraron de reojo, algo confundidos. Jesús les hacía un desafío algo desubicado. Para llenar todas esas tinajas muchos hombres tenían que dejar de hacer su trabajo de atender las mesas, descender la colina en donde se encontraba la aldea, buscar agua en la cisterna más próxima, volver a subir la colina con los recipientes llenos de agua. Mucho esfuerzo, mucha pérdida de tiempo, ¿para qué? ¿Qué se conseguiría con todo ello? ¡Seguramente el encargado del servicio les echaría en cara semejante negligencia!

Me miraron desilusionados, se encogieron de hombros, arquearon las cejas, tomaron muchos recipientes vacíos y salieron sin llamar la atención.

Cuando llegaron, fatigados por el esfuerzo y con una mirada negativa, como si pensaran que habían hecho tanto trabajo para nada, escuché que Jesús les decía:

—Ahora, saquen un poco y llévenselo al encargado de la fiesta, para que lo pruebe.

El malhumor se adueñó de la cara de los sirvientes. ¿Cómo los trataría el encargado cuando ellos le llevaran agua para que probara? ¡A Jesús se le ocurría cada cosa! El problema es que, en cada ocurrencia que él tenía, uno debía poner el cuerpo. Yo lo sabía por experiencia… ¡Tremendo desafío que les hacía! De cierta manera se jugaban el prestigio, el trabajo, el honor. No sé si fue el que tenía más coraje, o al que todos señalaron por ser el más ingenuo, quien se encargó de llenar un cuenco con agua cristalina y se lo llevó al jefe.

De repente me pareció percibir el aroma embriagador de las uvas recién exprimidas.

Seguí con la mirada a los sirvientes que se acercaban al encargado del banquete. Este tomó el recipiente que le ofrecían, lo llevó a la nariz, entrecerró los ojos, movió levemente la cabeza para apreciar mejor el aroma, se lo llevó a la boca, luego probó nuevamente y fue en busca del novio a quien le dijo, con un tono algo petulante:

—Siempre se sirve primero el mejor vino, y luego, cuando ya los invitados han bebido bastante, se sirve el vino corriente. Tú, en cambio, has dejado el mejor vino para el final.

El novio no entendió ni una palabra de todo aquello. Tenía tantas cosas en que pensar en ese momento y no sabía si eso era un reproche o una felicitación. Ni idea de qué le hablaban.

Los sirvientes estaban eufóricos y comenzaron a repartir con generosidad cientos de litros de vino de la más excelente calidad. La fragancia impregnaba el ambiente. Los paladares, aunque ya adormecidos por tantas horas de banquete, se sorprendían ante este sabor tan especial, tan grato, tan original. La fiesta adquirió un nuevo sentido. Los sirvientes se palmeaban la espalda unos a otros, reían sin disimulo. Nunca habían imaginado que aceptar el desafío de Jesús cambiaría la fiesta, les cambiaría la vida.

Al finalizar el festejo emprendimos el viaje de regreso a casa. Tomamos el camino que bajaba de manera bastante abrupta hasta las orillas del mar de Galilea y bordeaba la costa hasta Capernaúm. La distancia por recorrer era la de un largo día de camino.

Pero una gran alegría nos llenaba el corazón. Los discípulos miraban a Jesús con nuevos ojos. Me pareció que de alguna manera intuían que aceptar los desafíos del Maestro transformaba situaciones, transformaba la vida, generalmente de forma inesperada. Los discípulos comentaban con muy buen humor:

—¡Menos mal que te invitaron! Si no lo hubieran hecho, se perdían semejante abundancia y calidad.

Durante toda su vida hubo momentos gratos, muy felices, pero otros muy difíciles y dolorosos. Su misión no era para nada fácil y yo, como madre, también sufría con él y por él.

Ni qué decir del día que lo crucificaron. Sentí que se me desgarraban las entrañas. No entendía por qué Dios estaba permitiendo aquella injusticia tan atroz. El llanto se adueñó de cada una de las horas de esos oscuros días. Sin embargo, muy adentro mío, seguía confiando en que Dios sabía todas las cosas y, posiblemente, de esa tragedia algo bueno vendría.

¡Y así fue! Su resurrección renovó nuestras esperanzas, fortaleció nuestra fe, insufló en nosotros un sentido de misión que no conocíamos antes. Él era la vida, él era el único que podía redimir a la humanidad, y eso debíamos comunicar al mundo.

Fue muy triste verlo desaparecer entre las nubes, pero a la vez sentí una profunda paz y alegría. Él se iba glorioso, habiendo cumplido con éxito la misión que tenía. Nada ni nadie había podido impedir su victoria. Y una vez más me inundó el gozo de haberle dicho que «sí» al ángel que hacía tantos años me había visitado en Nazaret. ¡Qué bendecida fui por ser la madre del mismo Hijo de Dios! Nunca encontré palabras para expresar la dicha y gratitud que esto trajo a mi vida.

Eso sucedió hace muchos años, pero vivo extasiada con lo que Dios ha hecho en mi vida y en la de los demás. Él nunca ha dejado de sorprenderme. Cada vez que alguien le dice que sí a la invitación, a la propuesta, al desafío que él hace, algo cambia, algo se transforma.

Para reflexionar

Sin duda que toda la vida de María estuvo llena de sorpresas, desafíos, riesgos, alegrías, temores. Su fe, amor a Dios, sumisión a sus designios, se nos relatan en el texto sagrado desde que ella era una adolescente, antes de concebir de manera increíble una vida en su seno. Leemos de su desconcierto cuando Jesús, con doce años, dialoga con los maestros de la ley judía.[4] La vemos junto a la vergonzosa cruz donde su hijo sufría una muerte inmerecida.[5] La encontramos también en la gestación de la iglesia naciente.[6]

Ella tuvo el gran privilegio no sólo de dar a luz y cuidar a Jesús, sino de acompañarlo y dejarse sorprender por su persona cada día. ¡Una mujer bendecida por Dios! Pero todos esos privilegios siempre estuvieron acompañados por miedos, inconvenientes, el jugarse la vida, sentir el terrible dolor de la pérdida y la injusticia. Sin embargo, ella continuaba confiando en él, sabiendo que él era poderoso. Todo eso la desafiaba y transformaba día a día, año tras año.

- ¿Por qué piensas que María aceptó el gran desafío de Dios? ¿Cómo habrá afectado esto a su persona, su entorno, sus relaciones, sus dudas, sus miedos, su crecimiento personal?
- ¿Conoces personas a quienes Dios les presentó un desafío? Intenta evaluar la situación que experimentaron: ¿qué tuvieron que sacrificar o qué esfuerzos debieron realizar, qué riesgos corrieron?

---

4 Lucas 2.41-51.
5 Juan 19.25-27.
6 Hechos 1.14.

¿Qué transformación personal y de su entorno acompañaron a este desafío?

- Intenta recordar: ¿Qué desafío te ha hecho Dios en algún momento de tu vida? ¿Qué te costó semejante propuesta? ¿Te animaste a aceptarla? ¿Qué cambios trajo a tu vida esa decisión?
- ¿A qué te está desafiando el Señor en este momento? ¿Cuáles son las ventajas y desventajas de esa propuesta? ¿Cómo piensas responderle? ¿Por qué?

Capítulo 21

Ana, una mujer amiga de Dios

Lucas 2.21-38

Cada amanecer los achaques que día a día se acentuaban en su cuerpo le hacían recordar el paso de los años. ¡Cuántos habían pasado ya! Se había casado siendo muy joven, pero ese matrimonio duró tan solo siete efímeras primaveras. Desde entonces, en la plenitud de su belleza, había gustado el sabor amargo de la viudez.

Pasado la conmoción de los primeros meses, decidió no convertirse en una mujer resentida con la vida, sino dedicar todas sus energías para orar y alabar a Dios. Fue por ese entonces que sus plegarias se convirtieron en diálogos con el Altísimo. Poco a poco estas pláticas trascendentes comenzaron a estampar destellos en su personalidad. No era una mujer sola, desvalida, indefensa en un mundo de hombres. Una presencia gloriosa se imponía desde su interior y se derramaba con gracia a su alrededor.[1]

No pasó mucho tiempo en que los religiosos de la época, al conocer su devoción poco habitual y su amor fecundo hacia otros pobres como ella, decidieron cobijarla en uno de los aposentos del templo. Ana estaba feliz. No tenía que pensar en dónde vivir, en cómo mantenerse. Su soledad se diluía y se poblaba con el centenar de personas que arribaban al santuario abrumadas por pecados y dolores. Y allí estaba ella, para interceder, para consolar, para aliviar, para alentar, para profetizar.

La intimidad que vivía con Dios le permitía tener un desacostumbrado discernimiento espiritual. El Señor hablaba por medio

---

[1] En hebreo, Ana significa «gracia».

de ella. La clase religiosa la miraba con recelo, envidia y, algunos, con admiración. ¿Cómo podía ser posible que una mujer, viuda, sin hombre que ejerciera autoridad sobre ella, pudiese tener el don de la profecía?

Desde hacía mucho ella presentía que llegaría a conocer al enviado de Dios, al Mesías esperado por el pueblo judío durante siglos y siglos de historia. A pesar del paso del tiempo, esta expectativa que demoraba por muchísimas generaciones aún continuaba como una llama encendida alimentando la fe de la nación. Para Ana, esta llama era tan real que toda su persona estaba encendida por un fuego y una pasión que la vivificaban. Tenía la certeza de que cada día estaba más próximo a su cumplimiento.

Desde hacía una semana una alegría inusitada recorría su cuerpo enjuto y envejecido. Sus ojos no podían disimular el brillo que la emocionaba de una manera tan especial y diferente. Presentía que algo fuera de serie, un acontecimiento crucial y trascendente para la humanidad, la sorprendería de un momento a otro. No podía dejar de alabar a su Señor.

Esa mañana se presentó más luminosa que nunca. Ana sintió que una energía casi juvenil la impulsaba a levantarse de su lecho. Realizó sus oraciones matutinas. Desayunó pan y un poco de leche y, con entusiasmo, se vistió para dirigirse al santuario. Seguramente Dios la estaba necesitando para atender a algún desamparado o consolar a algún afligido.

Mientras se acercaba su pulso se aceleró con un ritmo fuera de control. Divisó al viejo Simeón,[2] tan anciano como ella. Estaba impartiendo su bendición a una pareja de forasteros muy pobres y, mientras lo hacía, sostenía en sus brazos a un niño muy pequeño. Ana, tan acostumbrada a conversar con Dios, no dudó en preguntar:

—¿Es él, Señor? ¡Sí, Señor! ¡Es él! Esto es lo que me venías avisando. ¡Es él! ¡Qué alegría Señor! Has permitido que tanto Simeón como yo podamos conocer a quien nos traerá la salvación, la luz de las naciones.

Ana apresuró el paso. Se le nubló la vista por la emoción incontenible. Todo su cuerpo temblaba. Parecía que el corazón iba a estallar en su pecho. La sangre bullía precipitada. Al acercarse escuchó las últimas palabras del anciano:

---

2 Lucas 2.25-35.

—Este niño está destinado a causar la caída y el levantamiento de muchos y a crear mucha oposición a fin de que se manifiesten las intenciones de muchos corazones.

Luego, el hombre miró a la joven madre a los ojos y le dijo:

—En cuanto a ti, una espada te atravesará el alma.

Un escalofrío recorrió la espalda de Ana al oír esta frase dolorosa. Ella sabía de qué hablaba. La salvación que este niño traía a los seres humanos iba a ser muy costosa y cruenta. Se acercó a la muchacha y la cobijó con un abrazo impregnado de cariño. La joven sintió que el mismo Dios la abrazaba.

Ana contempló al niño embelesada. Su corazón se desbordaba de gratitud. Desde entonces, supo que su vida adquiría un nuevo sentido: proclamar que Dios había venido a visitar a su pueblo, que la redención había llegado.

Para reflexionar

Es muy interesante ver que una mujer que podría haber vivido resentida, solitaria, frustrada, sin una misión en la vida, encontrara un motivo para vivir, para levantarse cada mañana, para bendecir a otros. Sin duda que esa intimidad con su Señor le permitió disfrutar de una noticia tan increíble como aquella: saber que la promesa se había cumplido.

Mientras que tantos religiosos y maestros de la ley permanecieron indiferentes ante Jesús y nunca reconocieron quién era realmente, Ana pudo experimentar la profunda alegría de conocer al Hijo de Dios.

- ¿Cómo te parece que se habría sentido Ana al ver que Dios se demoraba tanto en cumplir sus promesas? ¿Qué te parece que prevalecían en su vida: las dudas y el temor o la fe y la paz?
- ¿Cómo empleaba sus días y sus horas en aquella sociedad en donde una mujer viuda no tenía ningún valor?
- ¿Qué circunstancias nos impiden llevar una vida de amistad con Dios como la que vivía esta mujer?
- ¿De qué manera una auténtica amistad con Dios puede ayudarnos a vivir la vida de manera más plena?
- ¿Qué decisiones deberías tomar para lograr cultivar una amistad más íntima con el Señor?

Capítulo 22

Jesús se da a conocer ante una mujer estigmatizada

Juan 4.1-42

Una aureola de estigmas rodeaba cada uno de sus días. Se sentía vigilada y desprestigiada por quienes la rodeaban. El fracaso de sus cinco matrimonios no era poca cosa. ¿Qué había en ella que vez tras vez terminaba desamparada, ya sea por viudez o por divorcio, y sus ilusiones de compañía se esfumaban dejándola más sola que antes? ¿Por qué razón desconocida no podía ser feliz en el amor?

Zelmira[1] vivía en Sicar con el fin de esquivar el prejuicio de sus vecinos. La atormentaba su destino y no entendía hasta dónde era responsable del mismo. Intuía que una mano siniestra se había ensañado con ella. Pero los demás le temían y despreciaban, como si fuera la maldición en persona.

No le gustaba ir a buscar agua al pozo de la región, cuando todas las mujeres del pueblo iban por la mañana temprano o en la frescura del atardecer. Se sentía desprestigiada por sus infortunios, juzgada por miradas duras y murmullos descalificantes. Prefería hacerlo al mediodía. Se llevaba mejor con el hedor y el sudor que con la chusma del pueblo. A esa hora no encontraba a nadie. Pero ese día se sorprendió al ver a un hombre sentado junto al pozo. No era del lugar, estaba de paso y tenía toda la apariencia de ser judío.

La mujer, ignorando su presencia, comenzó a sacar agua. El forastero le pidió que le diera de beber. Zelmira se sorprendió de que el sujeto le hablara. Si bien no la conocía y no estaba enterado de sus

---

[1] Nombre imaginario.

desgracias, no era usual que un judío hablase con alguien de la región de Samaria, y menos aún si esta era mujer.

El visitante le dijo:

—Tú no sabes lo que Dios quiere darte, y tampoco sabes quién soy yo. Si lo supieras, me pedirías agua, y yo te daría agua que da vida.

La mujer, más sorprendida aún, respondió:

—Veo que no tiene con qué sacar agua de este pozo profundo que nos dejó nuestro antepasado Jacob hace muchos siglos. ¿Acaso usted es más importante que él?

El hombre le contestó:

—Todos los que beben el agua de este pozo vuelven a tener sed. El que bebe del agua que yo doy jamás tendrá sed. Esa agua es como un manantial del que brota vida eterna.

El desconcierto y la fascinación abrieron los ojos de Zelmira. ¡Esto era lo máximo! ¿Jamás volver a tener sed? ¿No tener que venir más bajo el sol agobiante a buscar agua hasta este pozo? Por fin se atrevió a hacer su petición:

—Señor, deme usted de esa agua, para que yo no vuelva a tener sed, ni tenga que venir acá a sacarla.

De pronto, las palabras del forastero perforaron las fantasías de la mujer y disiparon la magia en la que se sentía flotar:

—Llama a tu esposo y regresa aquí con él.

Muy asombrada respondió:

—No tengo esposo.

El hombre la miró con ternura y le dio a entender cuánto sabía de ella y sus fracasos:

—Tienes razón. Has tenido cinco maridos, y el hombre con el que ahora vives no es tu esposo.

¿Cómo sabía su secreto? ¡Era cierto! Después de tantos matrimonios frustrados, el amor de este nuevo compañero había iluminado sus días. Quizá lo mejor era no llegar a un compromiso formal. Cuando el hombre se llegase a desilusionar de ella, no tendría que pasar otra vez por el vergonzoso trámite del divorcio. Pero hasta el momento pensaba que este romance pasaba desapercibido en el poblado. Habían sido muy cautelosos. De pronto una luz se encendió en su interior y afirmó con sutileza:

—Me parece que usted es profeta.

—Créeme mujer, para adorar a Dios nadie tiene que venir a este monte o ir a Jerusalén. Dios es espíritu y los que lo adoran tienen que ser guiados por el Espíritu. Así quiere Dios que se le adore. ¡Ese tiempo ya ha llegado!

Zelmira por primera vez dialogaba con un hombre de temas teológicos y religiosos. Las mujeres no tenían derecho a ello. Viendo que su interlocutor la consideraba digna de semejante conversación, dijo con más confianza:

—Sé que el Mesías vendrá, a quien llamamos el Cristo. Cuando él venga, nos explicará todas las cosas.

Jesús, al ver la esperanza de aquel corazón sediento de amor, le dio a conocer su identidad como no lo había hecho ante ninguna otra persona:

—Yo soy el Mesías. Yo soy, el que habla contigo.

La mujer lo contempló boquiabierta y no podía aterrizar ante la conmoción de la vivencia de la cual estaba siendo protagonista. La promesa esperada por siglos cobraba realidad ante sus ojos en aquel mediodía caluroso junto al pozo. Y ella, ¿acaso no estaba presenciando semejante revelación? Enfrascada en sus pensamientos, no se dio cuenta de que los discípulos llegaban. Impulsada por una fuerza inusual que energizó su cuerpo, dejó el cántaro y salió corriendo al pueblo.

La gente se sorprendió al verla llegar tan agitada. A los gritos iba anunciando por las calles:

—¡Vengan a ver! ¡Encontré a un hombre que sabe todo lo que he hecho en mi vida!

Los vecinos la miraron con desprecio y sin pronunciar palabras todos pensaban lo mismo:

—¿Qué habrá de nuevo en aquel individuo? ¿Quién no sabe todo lo que Zelmira ha hecho en su vida?

Pero a Zelmira no le importaban las miradas prejuiciosas y cada vez gritaba con más entusiasmo:

—¡Vengan a ver! ¡Creo que es el Mesías!

Los moradores de Sicar abrieron los oídos. ¿De qué hablaba esta mujer? ¿Sería cierto que Dios por fin cumplía sus promesas?

Algunos jóvenes, menos escépticos que los adultos, corrieron detrás de Zelmira. Luego se sumaron otros, y otros más. El pueblo curioso, encendido por chispas de esperanza y contagiados por el entusiasmo de la mujer, salió a encontrarse con Jesús.

Cuando lo vieron, prestaron atención a sus palabras y notaron la ternura desprejuiciada con que trataba a Zelmira, su embajadora. Entonces, le pidieron que se quedara con ellos. Jesús se hospedó allí por dos días. Mucha gente creyó en él.

Desde entonces la vida de Zelmira no fue más la misma. De marginada y condenada por los escrúpulos de la sociedad, pasó a ser la elegida por Dios para revelar a los samaritanos quién era el Mesías. Ya no huyó más de las miradas de sus vecinos, ahora era emisaria de la gracia y ternura de Dios. El agua que Jesús ofrecía no solo calmó su sed y la de toda una comunidad, sino que se transformó en ella en un innegable manantial de vida eterna.

Para reflexionar

Los fracasos y desilusiones que experimentamos en nuestra vida van distorsionando la imagen que tenemos de nosotras mismas. Y, más allá de que sean reales o no, sentimos que las miradas y comentarios de los demás son negativos, nos deterioran, nos rotulan. Con el tiempo nos vamos marginando, sintiéndonos cada vez más indignas de ser amadas, tenidas en cuenta, incluso nos parece que Dios ya no puede interesarse por nosotras.

- ¿Cómo te parece que habrán influido en Zelmira los sucesivos fracasos matrimoniales?
- ¿Cómo te sientes cuando tienes problemas de convivencia o relaciones frustradas?
- ¿Cómo se habrá transformado la vida de esta mujer samaritana a partir de su encuentro con Jesús?
- ¿De qué manera la relación con Jesús puede ayudarte a manejar tus problemas interpersonales o de convivencia?

Capítulo 23

Dios valora la entrega total de las mujeres

Marcos 12.41-44

Sigalit[1] vivía en Jerusalén. Transcurría sus días en la rutina del desamparo y la pobreza. Sólo le quedaban los recuerdos de una vida plena junto al buen hombre que hace varios años fuera su esposo. Pero aquel tiempo tan agradable y próspero se había esfumado. Sus pensamientos a veces provocaban cierta efímera sonrisa, alguna lágrima desgastada o una mirada de indiferencia, propias de los que están tan acostumbrados al sufrimiento.

Al enviudar, no sólo había perdido a su marido, sus afectos, su razón de vivir, sino también su fuente de subsistencia. En su condición de mujer sola no tenía grandes perspectivas de ganarse la vida, de ahorrar alguna monedita para un futuro incierto. Sus ingresos se nutrían de alguna labor que aún podían realizar sus manos vacías, o de algún servicio a una madre atareada con muchos hijos, o del cuidado de alguna persona enferma. Pero lo que recibía dependía más de la generosidad de los demás que del esfuerzo y dedicación con que ella pudiese realizar su trabajo.

De esta manera, su pequeño bolsito de cuero sólo podía atesorar unas míseras monedas que escasamente le servían para comprar un poco de harina de cebada o un poco de aceite para elaborar el pan de los pobres.

Esa mañana, cuando despertó, sintió deseos de ir al templo. Muchas veces una voz interna le susurraba «¿a qué vas?» Por momentos

---

[1] Nombre imaginario que en hebreo significa «pequeña violeta».

se quedaba reflexionando. La verdad que era muy poco lo que podía hacer allí. No le alcanzaba para comprar un animal para los sacrificios. Ir a aquel lugar sagrado no la nutriría de ninguna manera. Pero, al fin de cuentas, era consciente de que la gracia de Dios nunca la había abandonado. Nunca había tenido que llegar al extremo de pedir limosnas. Nunca había padecido hambre aterrador. El Dios que había prometido cobijar a viudas, huérfanos y extranjeros había sido fiel con ella también. Ese día, luego de ver que tenía suficiente harina para el día, comprobó que aún le quedaban dos moneditas de escaso valor, las menos apreciadas. Y eso la hizo tomar la decisión de emprender la marcha.

Tomó su capa raída y con paso lento se encaminó al bello templo que se divisaba desde lejos.

Se acercó a las alcancías que estaban ubicadas en el patio de las mujeres, que era el único lugar a donde ellas podían ingresar. Los hombres también iban allí a depositar sus ofrendas.

Sigalit se emocionaba al escuchar el tintineo que producían las monedas al chocar con las paredes de los recipientes. Se le iluminaba el rostro al comprobar la generosidad y abundancia de las personas que iban a adorar y ofrendar al Señor, ese Señor que era tan generoso con ella. Pero también, había días, que una mueca surcaba su rostro, pensando que a ella le hubiese gustado que su ofrenda sonara como la de otros, en cambio de deslizarse de manera casi imperceptible.

Entregaba su ofrenda con amor, pero la sentía tan escasa, tan invisible, tan poco eficaz para colaborar con el mantenimiento de la obra de Dios. Y si bien la daba con alegría, entregándose ella misma y su futuro en esas escasas monedas, también sabía que nunca podría dar todo lo que deseaba dar.

Al depositar sus míseras posesiones, giró para marcharse del lugar. Muy cerca de ese lugar había un hombre sentado, parecía un maestro; muchos otros hombres lo rodeaban, debían ser sus seguidores. De pronto alcanzó a escuchar la voz del que enseñaba:

—Les digo la verdad, esta viuda pobre ha dado más que todos los demás que ofrendan. Pues ellos dieron una mínima parte de lo que les sobraba, pero ella, con lo pobre que es, dio todo lo que tenía para vivir.

Sigalit giró la cabeza, miró para todos lados. ¿De quién estaba hablando el Maestro? A su alrededor sólo había mujeres jóvenes con sus maridos, hombres adinerados, la única viuda era ella. Miró tímidamente al Maestro y este le devolvió una sonrisa cálida y de aceptación.

Su corazón desbordó de gratitud, aceleró el paso y gozosa llegó a su casa. Jamás antes imaginó que, a los ojos de Dios, su pequeña ofrenda fuera tan valorada.

Para reflexionar

Muchas veces, cuando nos comparamos con otras personas, pensamos que lo que tenemos en nuestras manos es poco, no vale, no es importante, no es útil. Entonces esperamos que sean aquellas personas quienes den, quienes ayuden, quienes contribuyan con algo realmente trascendente.

- ¿Por qué te parece que esta viuda procedió de esta manera cuando no tenía ninguna obligación de hacerlo? ¿Qué excusas podría haber tenido para no llevar esa ofrenda al templo?
- ¿Cómo se habría sentido al compararse con las personas adineradas, aparentemente muy generosas y elegantemente vestidas?
- Jesús llamó a sus discípulos para señalar a esta mujer como un ejemplo. ¿Por qué te parece que lo hizo? ¿Cuál era realmente la importancia de la actitud de ella?
- ¿Qué cálculos realizas a la hora de dar dinero, tiempo, algún servicio? ¿Qué argumentos encuentras a tu favor para no entregar nada? ¿De qué manera podrías desarrollar hábitos de vida que te permitan ser más generosa?

Capítulo 24

María, legitimada por Jesús al transgredir reglas culturales

Lucas 10.38-42; Juan 11.1-3, 28-45; 12.1-11

María vivía con sus dos hermanos, Marta y Lázaro, en la aldea de Betania cuyo nombre significa «casa de aflicción». No sabemos si este nombre se debía a su proximidad con la capital, Jerusalén, donde se erigía el majestuoso templo. Ambas poblaciones distaban entre sí en menos de tres kilómetros y se encontraban separadas por el Monte de los Olivos, un lugar frondoso, cargado de historias. Ese monte era un lugar que inspiraba a la meditación y a la oración. Era casi un lugar sagrado, por eso muchos judíos lo elegían para ser sepultados allí.

Jesús solía visitar con frecuencia el hogar de estos hermanos. Prefería pasar allí la noche o disfrutar de una exquisita comida rodeado de afectos, en lugar de hacerlo en Jerusalén donde el peligro y la traición se respiraban en todas partes. Fuertes lazos de afecto se habían entretejido entre estos lugareños, y Jesús y sus seguidores.

Cuando el Maestro se albergaba en su casa, las conversaciones de sobremesa se hacían interminables. Lázaro y sus huéspedes rodeaban a Jesús con sus oídos bien abiertos mientras le contemplaban con mucho cariño. Las hermanas de Lázaro, como todas las mujeres de su época, eran responsables de atender a las visitas.

Sin embargo, a María algo la irritaba. No podía entender que por ser mujer no pudiese disfrutar de las palabras del Maestro. Esas visitas eran muy especiales, muy esperadas por toda la familia. Pero permanecer ajena a esa fiesta, era intolerable.

Cierto día en que Jesús llegó con sus discípulos, María tomó coraje. Aunque las buenas costumbres no permitían que una joven de buena familia se sentase a participar de las conversaciones de los hombres, ese día se dispuso a cambiar la historia, su historia. Aprovechó un pequeño lugar en el círculo de varones sentados a los pies del Maestro, se tomó la falda con sus manos, encogió sus rodillas y, casi sin que nadie lo notase, se acomodó en el suelo. ¡Qué placer! Por fin se había atrevido a hacer eso que tantas veces había imaginado.

Ella deseaba aprender a los pies de Jesús, pero era mujer. Las mujeres cocinaban, servían, limpiaban, realizaban todo tipo de tareas domésticas; pero aprender, eso no.

Durante la sobremesa, mientras María tenía puesta toda su atención en la sabiduría del Maestro, sin que ella se diese cuenta, se acercó su hermana Marta a susurrar algo al oído de Jesús:

—Señor, ¿no te importa que mi hermana me deje sola, haciendo todo el trabajo de la casa? Dile que me ayude.

María no sospechó nada de lo que incomodaba a su hermana. (Mucho tiempo después Marta le confesó lo sucedido ese día.)

Jesús, con mucha dulzura, le contestó:

—Marta, Marta, ¿por qué te preocupas por tantas cosas? Hay algo más importante. María lo ha elegido, y nadie se lo va a quitar.

Marta quedó boquiabierta. No entendió qué quería decirle Jesús. ¿Por qué el Maestro permitía que su hermana adoptara conductas tan fuera de lugar? ¿Qué podía haber más importante que ser una ama de casa hacendosa?

En una cultura donde la hospitalidad era tan valorada, ¿qué podría ser más importante que atender a los invitados; servir los alimentos y las bebidas, retirar los cuencos vacíos y reponer lo que ya se había terminado; llenar los cántaros y vasijas con más bebida; preparar mantas y cobijas para el descanso nocturno; asear lo que los visitantes hubiesen ensuciado; sin contar todos los preparativos previos que ya habían dejado exhaustas a las anfitrionas.

Más allá del cansancio estaba la satisfacción del deber cumplido. Y Marta se sentía muy satisfecha, a no ser por el resentimiento que le provocaba la actitud de su hermana. ¡Esa no era una actitud digna de una buena mujer! ¿Cómo osaba María sentarse junto a los hombres, en un lugar destinado para hombres, a escuchar conversaciones de hombres?

Marta se alejó disconforme, mientras María absorbía con delicia cada palabra, cada gesto, cada mirada que Jesús prodigaba.

Cuando llegó la hora de despedirse, Jesús y los muchachos saludaron con un cálido «hasta pronto». Los ojos de María reflejaban satisfacción. Estaba feliz de haberse atrevido a transgredir las reglas culturales de su tiempo, de animarse a jugar un papel masculino que le estaba prohibido y así satisfacer su afán de estar junto al Maestro. Se había dejado llevar por sus afectos, por sus emociones, y ahora se sentía en paz al ver que Jesús le había dado su aprobación. Él había legitimado su audacia.

Entre este grupo de viajeros y estos tres hermanos se había entretejido un profundo afecto y una amistad muy fuerte y sincera. Pero, el día en que la tragedia se instaló sin permiso en este hogar de Betania, Jesús no estaba allí. Por lo tanto, cuando Lázaro se enfermó de gravedad, con suma urgencia le hicieron llegar la noticia al Maestro, que se encontraba al otro lado del río Jordán:

—Señor, tu querido amigo Lázaro está enfermo.

A pesar del gran afecto que Jesús tenía por estos tres amigos, decidió no emprender el viaje con la urgencia que requería la circunstancia. Por el contrario, se quedó dos días más adonde estaba. Los discípulos, asombrados, se miraban sin entender. Finalmente, al tercer día, el Maestro dijo:

—Regresemos a la región de Judea.

Algunos de sus seguidores estaban temerosos. Sabían que la situación en Judea no era propicia. Los religiosos y algunos partidarios políticos eran francos enemigos del Maestro. Pero Jesús, insistente y muy seguro, les dijo:

—Nuestro amigo Lázaro está dormido, y yo voy a despertarlo.

Los discípulos, como no entendían, le dijeron que si dormía no había por qué preocuparse. Pero el rostro de Jesús se ensombreció y respondió:

—Lázaro ha muerto, y me alegro de no haber estado allí, porque ahora ustedes tendrán oportunidad de confiar en mí. Vayamos a donde está él.

Todos, muy conmovidos, conocedores del mutuo afecto que se tenían, emprendieron la marcha a Betania.

Cuando Jesús estaba llegando a la casa, primero salió a recibirlo Marta y dialogaron un buen rato. Luego Marta llamó a su hermana.

Al escuchar la noticia, María salió corriendo y se postró ante los pies de Jesús y le dijo:

—Señor, si hubieras estado aquí, mi hermano no habría muerto.

Al ver el dolor de María y de quienes la acompañaban, Jesús se conmovió profundamente. No pudo evitar que el dolor que producía la muerte en los seres humanos hiciera brotar lágrimas de sus ojos apacibles.

Con los ojos húmedos, se acercó a la cueva donde yacía el cuerpo del difunto y pidió que quitaran la piedra que cubría el acceso a la misma. Luego, como si se tratase de un juego de niños, pero con una seguridad sorprendente, ordenó a Lázaro que saliera.

Cuando María vio que su hermano salía de la tumba envuelto en vendas de lino ya no entendió nada más. No sabía si gritar, llorar, postrarse ante Jesús, o si su corazón resistiría tanta emoción. ¿Esto era realidad o estaba soñando? Recién al ver la sonrisa de Lázaro, sentir su abrazo fraterno entendió qué había sucedido.

Poco tiempo después, unos días antes de la Pascua, Jesús volvió a visitar Betania. Unos amigos en común quisieron homenajearlo, ya que se había vuelto muy popular en la aldea. Eso de resucitar a un muerto no pasaba a menudo ni en todas partes. Betania se sentía especial, elegida por la gracia de Dios. Por eso, no dudaron en invitar a Jesús y a todos sus amigos.

Como de costumbre, Marta con las demás mujeres servían la comida para todos los comensales varones. Eso era lo correcto y adecuado culturalmente. De repente alguien preguntó por María… ¿Dónde estaba? Marta se asomó a ver el grupo de hombres que comían y conversaban alegremente, segura de que allí estaría la desubicada de su hermana. ¡Pero, no! ¡Tampoco estaba allí! Marta comenzó a preocuparse. ¿Qué nueva tontería estaría tramando su hermana? La verdad que ya no le inspiraba ninguna confianza. ¡Podía esperarse cualquier cosa de ella! No se conformaba a las órdenes, a lo establecido, a lo correcto. Y cuando alguien actúa así, se puede esperar cualquier cosa de esa persona.

De pronto, desde la cocina, notaron que las voces de la reunión se habían interrumpido. Todas las mujeres abrieron los ojos. ¿Qué estaría sucediendo? A décimas de segundo, un perfume intenso y embriagador invadió el lugar, opacando los olores de los alimentos.

Era un aroma excesivo y generoso con matices de miel, jazmín, azahar, pero algo más afrutado y meloso. Marta abrió los ojos desorbitados, se llevó las manos a la cabeza y con el rostro desencajado murmuró:

—¡No, no puede ser! ¡No puede ser tan desubicada!

Se asomó para mirar a los comensales y lo que vio la hizo estremecer. Allí, a los pies de Jesús, como una cualquiera, María había derramado casi medio litro del perfume de nardo tan costoso que hacía tiempo tenía guardado.

Marta se acercó más. Y lo que vio la desconcertó. Su hermana, no sólo había derramado el perfume sobre un hombre delante de todos los demás hombres, sino que además le secaba los pies con sus cabellos. Marta trastabilló. ¡Esto era demasiado! Está bien que el homenajeado fuese Jesús, pero ¡María estaba loca! ¡Había roto todas las reglas de lo que significaba ser una mujer decente! Se ruborizó con vergüenza ajena y se sintió desvanecer, un poco por la tensión del momento y otro poco porque el perfume intenso parecía que se había apoderado del aire y no podía respirar.

De pronto escuchó las certeras palabras de Judas:

—¡Mejor se hubiera vendido aquel perfume! Nos habrían dado el dinero de trescientos días de trabajo, y con él podríamos haber ayudado a los pobres.

Marta sintió más vergüenza. Parecía que en esa casa la única desquiciada era su hermana. Su confusión la turbó, hasta que de pronto las palabras que Jesús le dirigió a Judas la hicieron que reaccione de inmediato:

—¡Déjala tranquila! Ella estaba guardando ese perfume para el día de mi entierro.

¿Cómo? ¡Jesús también estaba poniendo en riesgo su prestigio al permitir que una mujer depositara su confianza en él! ¡Estaba otorgándole legitimidad a una conducta culturalmente condenable!

La noche terminó cargada de murmullos. Jesús estaba viviendo su última semana, una semana abarrotada de tensiones, entre odios y traiciones, dudas y miedos; una semana en la que su apasionado y loco amor por la humanidad se pondría en juego. Pero, no hubo un solo día en esa semana en que el fragante recuerdo que aún emanaba de su cuerpo y de sus vestiduras no le reconfortara el alma. Había recibido una demostración sincera de amor, un amor capaz de romper las barreras de lo permitido, lo socialmente correcto. Es que el amor, generalmente, no entiende razones.

Para reflexionar

Nuestra cultura es muy distinta a la de María de Betania. Sin embargo, aún existen lugares y situaciones en donde se relega a las mujeres a la última fila o se les asigna un papel secundario. Y no faltan las que son mal vistas o juzgadas por su atrevimiento de salirse del molde aceptable que la sociedad le ha impuesto por tantos siglos.

Incluso dentro de las comunidades de fe se encasilla a las mujeres en actividades solo para ellas, mientras que sus capacidades o sueños de ejercer su amor se silencian y van muriendo poco a poco.

- ¿Qué le habrá costado a María dejar ese recuerdo fragante en la vida de Jesús y en la historia del cristianismo?
- ¿Conoces mujeres que han sido elegidas por Dios para romper los moldes culturales de este tiempo? ¿De qué manera lo han hecho? ¿Qué les ha costado?
- ¿Hasta dónde es lícito ir contra las normas culturales de nuestra sociedad o de una comunidad de fe?
- ¿Qué crees que Dios te está pidiendo en este tiempo como mujer? ¿Hasta qué punto crees que se trata de un papel o una actitud contracultural?
- ¿Qué crees que podrían pensar los demás si te atreves a depositar tu plena confianza en Jesús de una manera contracultural? ¿Qué pensaría tu familia? ¿Y tus amigos? ¿Y la iglesia?

Capítulo 25

Jesús y una mujer marginada

Marcos 5.21-43

En este relato hay dos historias que se entrecruzan. Lo relatan los tres Evangelios y en todos sucede lo mismo. Vamos a enfocarnos sobre todo en una de las historias.

Jesús regresa a Galilea luego de haber estado al otro lado del lago sanando a un endemoniado. Al llegar, mucha gente se reunió en torno a él. De pronto llega ante Jesús uno de los jefes de la sinagoga. La sinagoga era el lugar destinado a la lectura y enseñanza de la Ley de Moisés. Allí no se ofrecían sacrificios, sino que se dedicaba al estudio de las Escrituras y la oración comunitaria. El encargado de la sinagoga presidía los cultos religiosos, elegía quién debía ofrecer las plegarias, leer, exhortar y velaba que se cumplieran las prescripciones judaicas.

Este jefe de la sinagoga llegó y se postró ante Jesús suplicándole que fuera a su casa porque su hija de doce años se moría. Y declara públicamente que si él va y pone sus manos sobre ella la niña se salvará y vivirá.

Su nivel social, todo lo que él representaba para la comunidad, toda su religiosidad, no le servía en aquel momento en que estaba agobiado por la desgracia que se avecinaba; ese inminente contacto con la muerte incluso lo haría una persona impura.[1]

Recordemos que las autoridades judías no miraban con buenos ojos a Jesús. Este hombre, al acercarse a Jesús, de cierta manera estaba asumiendo una postura contraria a la de sus colegas. Era una actitud muy arriesgada. Pero, la situación era desesperante, y debía quemar

---

[1] Números 19.11.

todos los recursos. Llegó ante Jesús, se arrojó a sus pies y comenzó a rogarle con insistencia. De alguna manera se sentía indigno. Y eso que lo hacía sentir indigno no lo había buscado, ni deseado, era algo que se le había venido encima y no podía liberarse.

Y en su desesperación, lo único que le quedaba era tener fe en que Jesús pudiera sanar a su hija.

Jesús prestó atención a su reclamo e inició prontamente la marcha hasta la casa de Jairo. Marchaba acompañado por una gran multitud. ¡Eran tantos que lo apretujaban! El trayecto se tornaba lento y dificultoso. Jesús iba en una misión importante: curar a la hija de…, de pronto fue interrumpido por alguien insignificante, totalmente despreciable, una persona muy indigna, muy impura.

Allí, entre la multitud, se encontraba una mujer que, lo que menos quería era que la reconozcan. ¿Por qué? Desde hacía doce años estaba enferma. ¡Qué curioso! La misma edad de la niña. Mientras una se desarrollaba y florecía la otra se desangraba y marchitaba.

Su enfermedad era muy triste por varias razones. Padecía de hemorragias. Se trataba de una enfermedad femenina que, además de debilitar (ya que cada vez estaba con menos fuerza física por la anemia que sufría), incomodar, molestar, hacía que la persona fuese impura. Para nosotros esto tiene poco significado, pero en la sociedad judía de aquel entonces, una persona con este tipo de problemas no podía prácticamente relacionarse con nadie. Mientras una mujer tuviera hemorragias, según la ley dada por Moisés,[2] el lugar donde ella se acostaba o se sentaba quedaban impuros y cualquiera que tocara esas cosas también quedaría impuro. La impureza causaba que uno fuese excluido del santuario y de la comunidad. Es decir, que desde hacía doce años ella prácticamente no tenía contacto con nadie. Podemos imaginar que poco a poco se fue quedando más sola, sintiéndose más indigna, menos apreciada, más rechazada por la sociedad, más avergonzada, hasta casi diríamos más maldecida por la vida. Y esa indignidad que ella no había buscado, y mucho menos deseado, le había caído encima y no podía liberarse.

Además de tener poco valor por el hecho de ser mujer, cada vez estaba más débil por su enfermedad. Había perdido su fortuna

---

[2] Levítico 15.25-30.

(pareciera que en otra época podría haberla tenido) sin conseguir ninguna solución y esto la desesperaba más. La sociedad la hacía sentir impura y marginada. Ningún hombre podía tener relaciones con ella, ni podría tener hijos. Si los había tenido antes, seguramente ya no vivían con ella. Sentía todo el peso de la vergüenza con que las miradas lejanas la oprimían. Todos la evitaban, nadie quería tener contacto con ella. Ni siquiera podía encontrar consuelo espiritual en la sinagoga, ya que no podía ingresar allí.

En tiempos bíblicos, el honor era algo muy importante (que es la reputación que una persona tiene de sí misma y frente a los demás). Aunque el texto no lo dice, podemos asumir que su honor estaba por los suelos.

Pero allí, con un valor que nos sorprende, intenta acercarse a Jesús, mezclándose entre la gente, «contaminando» a todos los que toca. La imagino vestida con ropas oscuras para disimular su problema, cubriéndose el rostro para no ser reconocida. Ella también había escuchado hablar de Jesús y desde ese momento no pudo apartar la idea de su cabeza. Un pensamiento la invadió, una esperanza: «si tan solo logro tocar su manto, me curaré».

Tenía que llegar hasta él, mezclándose entre la gente que lo apretujaba, abrirse camino (aunque sabía que estaba muy mal que tocara a las personas mientras caminaba entre el montón de gente), llegar hasta Jesús y tocar su manto. No podía ser tan difícil. Comenzó a acercarse sin que la vieran, mientras Jesús estaba preocupado ahora por sanar a una niña valiosa, hija de una persona muy importante, el jefe de una institución religiosa, la misma que a ella la excluía.

¡Y al fin llegó hasta Jesús… y tocó el manto!

Inmediatamente sintió algo en su cuerpo que la hizo sentirse curada. Pero también, en ese mismo momento, Jesús percibió lo que había sucedido, aunque caminaba apretujado por la gente. Se dio vuelta y preguntó:

—¿Quién ha tocado mi manto?

Esa posibilidad no había pasado por su mente. La voz de Jesús reavivó la angustia que se había aliviado tan sólo por unos segundos.

Los discípulos querían hacerle ver a Jesús que su pregunta no tenía sentido. Todos lo apretujaban. Obviamente muchos podrían haber tocado su manto. Pero la mirada de Jesús buscaba, buscaba a quién le había tocado intencionalmente. La mujer se escondía, se cubría el rostro. ¿Qué pasaría si era descubierta? El mismo Jesús que la había sanado ahora la pondría en evidencia delante de todos. Su indignidad, su vergüenza, su impureza quedarían expuestas al cuchicheo de los demás, a las miradas de odio, al reproche, al menosprecio, al… ¿Por qué Jesús hizo aquella pregunta? ¿Acaso él no sabía la respuesta?

Movida por el temor, la vergüenza, la culpa por lo que había hecho (ya que no le estaba permitido tocar a alguien en medio de una multitud, como si fuera portadora de una enfermedad mortal, de un germen maligno), temblando de miedo se arrodilló ante Jesús y expuso la verdad en medio de palabras entrecortadas. Puso en evidencia su miseria, su atrevimiento y transgresión de la ley, y también su fe. Expuso delante de todos «toda la verdad», esa indignidad que no había buscado y mucho menos deseado; pero que le había caído encima, de la cual no podía liberarse y que la aislaba de la comunidad.

La voz de Jesús esta vez sonó como una caricia para ella:

—Hija, tu fe te ha salvado. Vete en paz, libre ya de tu enfermedad, de tu aflicción.

Allí, a los pies de Jesús, sintiéndose totalmente vulnerable, su dignidad de persona fue restaurada, fue liberada de todo el mal que la afligía.

Muchas veces al leer este pasaje me he preguntado por qué Jesús actuó de esta manera, por qué quiso ponerla en evidencia.

Esta mujer no sólo necesitaba que fuese sanada de aquella enfermedad. Necesitaba, además, y de manera muy apremiante, que su comunidad la valore. Ella, la despreciada, la inmunda, la desechada, necesitaba que su pueblo la acepte y la abrace, quería sentirse amada, deseada, digna de poder tocar, acariciar, abrazar. Pero, si su sanidad quedaba oculta y nadie se enteraba, ¿cómo podría la gente convencerse de que ya no era una persona indigna, inmunda, podríamos decir maldita? Y allí, ante el mismísimo jefe de la sinagoga, que en ese momento también se sentía vulnerable por el dolor, Jesús reconoció a esta mujer como «hija», hija de Dios, hija del pueblo. Y esto hizo que ella se sintiese amada y valorada.

Jesús siguió su camino y resucitó a la hija de Jairo. En aquel día dos mujeres volvieron a vivir plenamente.

Para reflexionar

En las redes sociales la gente publica fotos de lo que come, de los lugares adonde viaja, de las fiestas a las que va, de los encuentros con amigos. Pareciera que la vida de algunas personas siempre fuera una colección de buenos momentos. Lo que pasa es que todos queremos mostrar lo bueno que nos sucede. No queremos pasar vergüenzas. No nos gusta «sacar los trapitos al sol». Todos, en todos los tiempos y todas las culturas, sentimos la necesidad de que nos miren con buenos ojos, de que nos acepten.

Cuando nos sucede algo malo, lo escondemos, porque nos avergüenza, nos sentimos mal por ello, de cierta manera nos sentimos indignos y que somos poca cosa. Y hay muchas situaciones que nos hacen sentir así, que causan en nosotros el deseo de escondernos: una enfermedad, una pérdida, una frustración, algo que hicimos mal.

Y aquella vergüenza, aquello indigno que hemos hecho, poco a poco nos debilita, nos margina, nos duele y por ello no queremos dar la cara.

- ¿Puedes pensar en cosas o situaciones que te hacen sentir de esta manera y te llevan a marginarte de los demás? (Si estás trabajando de manera individual, puedes ponerlo por escrito. Si estás trabajando en grupo, no es necesario que lo compartas si no deseas hacerlo)
- ¿Hay situaciones que te han hecho sentir fracasada, menos capacitada que otros, con una situación económica que no deseas, o pareciera que todo te sale mal? ¿O tal vez tienes una familia que te avergüenza, o un trabajo que no te gusta, o no tienes amigos o no gozas de buena salud? ¿Tal vez no tienes oportunidad de realizar lo que tanto quisieras o no puedes viajar?
- ¿Qué podemos hacer cuando nos sentimos así? ¿Quién puede ayudarnos a recuperar nuestro sentido de dignidad como personas?
- Por otro lado, ¿quizá miramos a los demás «desde arriba», como si valieran menos, como si fuesen inferiores?
- Como comunidad, ¿a qué personas estamos marginando, a veces sin darnos cuenta?
- ¿Qué podemos hacer como comunidad para que las personas se sientan dignas, valoradas, amadas, reconocidas, a pesar de…?

Capítulo 26

Una mujer obstinada

Mateo 15.21-28; Marcos 7.24-30

Por esos tiempos nada parecía salir muy bien para Jesús. Herodes había decapitado a Juan el Bautista. Los fariseos estaban planeando su muerte. Sus enseñanzas ofendían a los de su propio pueblo natal, y sus discípulos eran lentos para entender lo que él quería enseñarles. Mucha gente se resistía a su ministerio. Quizá por ello decidió alejarse de Galilea por unos días para estar a solas con sus discípulos. Quizá en ese tiempo de retiro el Padre le revelaría respuestas que ignoraba o fortalecería su misión.

Se dirigió al norte, hacia la región de Tiro, ciudad gentil situada en Fenicia (el actual Líbano), que lindaba con Galilea por el noroeste. Era un viaje de unos cincuenta kilómetros desde Capernaúm. Y Sidón estaba ubicada algunos kilómetros más al norte de Tiro.

Al alejarse de su tierra, Jesús pretendía evitar la oposición creciente y dedicar más tiempo para enseñar a sus discípulos. Por esta razón entró en una casa de una región desconocida y no quería que nadie supiera de su llegada. Sin embargo, no pudo pasar inadvertido.

No sabemos cómo, pero muy pronto Dafne,[1] mujer extranjera de origen sirofenicio y que no era judía, se enteró de su llegada y salió a su encuentro.

Dafne no se caracterizaba por su debilidad, ni timidez, sino que con una valentía arrolladora llegó gritando:

---

[1] Nombre imaginario. Dafne es de origen griego, su significado literal es «laurel» y en sentido figurado es «victoria».

—¡Señor, Hijo de David, ten compasión de mí! Mi hija sufre terriblemente por estar endemoniada.

La mujer al llamarlo de esa manera evidenciaba que sabía que era judío.

No sabemos la razón, si por sorpresa, si por cansancio, si por alguna razón estratégica, Jesús no responde. Los discípulos, imaginando que estaría molesto por la presencia de esta mujer extranjera, se acercaron y le rogaron:

—Despídela, porque viene detrás de nosotros gritando.

Ellos pensaron que esa conducta vergonzosa de una persona indigna no podía tolerarse.

Jesús les responde que, de alguna manera, ellos están en lo cierto, ya que él había sido enviado a las «ovejas perdidas del pueblo de Israel». Es decir, que había venido para ofrecer a su propio pueblo el reino prometido por medio de David hacía muchos siglos.

Dafne, sabiendo que no merecía nada de parte de Jesús, pero consumida por la imperiosa necesidad de sanidad para su hija, se acercó, se arrodilló delante del Maestro y le suplicó con humildad:

—¡Señor, ayúdame!

Jesús, otra vez nos sorprende por su frialdad, casi diríamos un poco cruel. Seguimos sin saber si es indiferencia o más bien una estrategia para probar la fe de la mujer, a quien le respondió:

—No está bien quitarles el pan a los hijos y echárselo a los perros.

Con esto Jesús estaba marcando diferencia entre los hijos del pueblo de Israel, con toda una historia de ser considerados el «pueblo elegido» y los gentiles, ajenos a la casa como simples perros que se acercan buscando comida.

La mujer, de manera ágil, perspicaz, en forma de oración contestataria y obstinada, desesperada por su dolor, respondió haciendo uso de las mismas palabras que Jesús había utilizado. Y le dijo que efectivamente tenía razón, pero que hasta los perros comían debajo de la mesa las migajas que dejaban los hijos. Los hijos siempre tienen derecho preferencial a la comida. Ella no pedía que la comida que pertenecía a los judíos se la diera a ellos, los gentiles, solo se conformaba con las migajas que caían y desperdiciaban.

En su condición de mujer extranjera, sin conocer quizá algo de la historia judía, alcanzó a tener una visión increíble del poder y la compasión de Jesús. Su humildad y su fe resultaron ser admirables. No se ofendió por haber sido tratada de manera indigna.

Jesús, impresionado por la fe y la obstinación de la mujer, respondió:

—¡Mujer, qué grande es tu fe! Que se cumpla lo que quieres.

Dafne, confiada, emprendió el regreso a su casa. Creía que el milagro se había producido. Y así fue. Desde el mismo momento que Jesús le había dicho que su hija sanaría, ella fue liberada de la posesión maligna.

Esta mujer terca, perseverante, obstinada, de alguna manera abrió las puertas de la era mesiánica también a quienes no eran judíos, los gentiles, aquellos que por tradición no creían en el Dios de Israel.

Para reflexionar

En muchas ocasiones oramos y oramos, pero parece que nuestras peticiones no pasan del techo de la habitación. Este relato nos presenta a una mujer que con desesperación intercedía por su hija. Pero parecía que el accionar amoroso de Jesús no estaba al alcance de ella. No entendemos por qué no hubo una solución inmediata. Posiblemente la respuesta de Jesús obedece a una interpretación del contexto sociocultural y religioso del entorno donde se estaba dando esa petición. Por esa razón era necesario continuar clamando y, de cierta manera, seguir «luchando» en oración hasta comprender que el amor de Dios es tan amplio, que unas pocas migajas desperdiciadas que los niños dejaban caer al descuido eran suficientes para cualquier persona por más indigna que fuera.

Esta historia nos hace pensar que la demora de la respuesta a las oraciones no se debe a que quizá hemos orado poco y que debemos insistir para convencer a Jesús; sino que en la insistencia nosotras recibimos una nueva comprensión de la situación, de nosotras mismas y del amor de Dios.

- ¿Qué te llama la atención de este relato?
- ¿Cómo evalúas la insistencia y persistencia de esta mujer extranjera?
- ¿Qué nos enseña su actitud?
- ¿Qué piensas o sientes cuando experimentas que tu oración no obtiene respuesta?
- ¿Qué te estará queriendo mostrar el Señor con esa demora?

Capítulo 27

Jesús visita a una mujer abatida por el dolor

Lucas 7.11-17

—¡**No!** ¡Otra vez, no! ¡No puede ser! —Nejama[1] se revolcaba en un profundo mar de angustias y confusión.

La visita inoportuna y nunca deseada de la muerte, hacía años le había arrebatado sus padres. En el momento menos pensado, cuando su hogar estaba lleno de luz y los sueños se entretejían de colores, otra vez la llegada del huésped maligno clavó sus garras, esta vez en el cuerpo lleno de vida de su esposo.

Con el tiempo, la mujer fue cobrando fuerzas y, en una sociedad donde no se consideraba a las viudas, su lucha fue ardua y feroz porque tenía un hijo a quien criar y alimentar.

Vivían en una aldea espléndida por sus bellezas naturales y por la generosidad de su gente. Estaba enclavada al sur de Galilea, cerca de Nazaret, con una vista privilegiada del monte Tabor. Por ese entonces el muchacho ya era fuerte, esbelto, estaba en edad de sostener la casa y a esa madre que había dado lo mejor de sí para ver a su hijo hecho todo un hombre.

Pero esa fatídica tarde, el castillo de naipes de sus ilusiones se derrumbó como por un soplo. De repente, el joven comenzó a sentirse muy mal, se desvaneció, deliró. Su rostro y todo su cuerpo perdió el color y el brillo de su edad, y una blancura amarillenta tendió un velo sobre su figura. Su aliento se volvió fétido. Comenzó a respirar con dificultad y, cuando la noche oscureció la aldea, se produjo el desenlace.

---

[1] Nombre imaginario.

Un lamento aterrador se escuchó en todo el vecindario anunciando a la comunidad lo ocurrido. El chillido agudo de espanto se multiplicó en prolongados lamentos de los habitantes de Naín.

Nadie era capaz de imaginar el dolor de Nejama, ni ella misma podía hacerlo. Era tan descomunal que no le cabía en el cuerpo, ni sus emociones podían rumiarlo, ni sus pensamientos encontraban una explicación lógica a la situación. ¿Cómo podía ser posible? ¿Quién sería capaz de darle una respuesta? ¿Habría un mañana para ella después de esto? Rabia, angustia, desesperanza, tormento, terror, suplicio, calvario, amargura, desolación, desamparo, saqueo. No alcanzaban las palabras para explicar lo que Nejama sentía. Aquella noche lloró, lloró, lloró. Lloró a gritos, en silencio, ahogándose, sin fuerzas, pero no podía hacer otra cosa más que llorar. Cuando sus ojos se secaron, su rostro continuó llorando sin lágrimas, pero sí con los surcos que ellas habían impreso en su piel acartonada, confiriendo al rostro un gesto que estremecía a quienes la conocían.

Todo el poblado se hizo presente, todos querían acompañarla en ese momento inexplicable e imposible de soportar. Hubo infinidad de abrazos y silencios. Pero nadie intentó dejarla sola.

El nuevo día no se atrevía a iluminar la aldea. En pocas horas se formaría una caravana de vecinos, precedida por el féretro abierto, portando el cuerpo del muchacho.

El tiempo, sin ningún tipo de misericordia, anunció que la hora había llegado. El calor del mediodía se intensificaba y no era conveniente demorar más el entierro. El cortejo emprendió una marcha lenta, demorada, como si nunca quisiera llegar a su destino.

Por el camino que venía de Capernaúm transitaba una multitud animada. Algunos reían, otros cantaban, los que iban más adelante se daban vuelta para decir algo a quienes caminaban detrás. Se notaba un clima afectuoso y alegre entre ellos. Era un desfile lleno de vida. Al llegar a las puertas de la ciudad de Naín, se vieron confrontados por el desfile fúnebre que se acercaba. Jesús, sin que nadie le dijera nada, captó el dolor y el desasosiego de quienes se acercaban vencidos por la desgracia. Sin ser invitado apuró el paso, se acercó a la viuda, y con una compasión que tocó el corazón deshecho de la madre, le dijo:

—No llores.

Los presentes lo miraron. ¿Cómo podía este hombre tener un corazón tan frío como para pedirle a esta mujer que no llorase en el peor momento de su vida?

Pero Jesús no se distrajo y, ante la sorpresa de sus seguidores, se aproximó más al difunto, extendió la mano y tocó el féretro. Ambos grupos detuvieron su marcha. Se escuchó una exclamación de horror en ambos bandos, y muchos pares de ojos se abrieron con sorpresa. ¿A quién se le ocurría hacer semejante cosa? Esto era causa de contaminación ritual, de impureza religiosa. Tocar a un muerto y sus pertenencias acarreaba un sinfín de ceremonias de purificación.

Cuando el silencio recobró fuerzas, se escuchó una voz cargada de autoridad Los afectados por la tragedia levantaron la mirada para contemplar a aquel Maestro galileo que transitaba los caminos polvorientos y del cual se escuchaban muchos comentarios extraños. Jesús pronunció una orden que, por increíble y fuera de lugar, a algunos ni siquiera les llamó la atención. Otros, en cambio, se acercaron con mucha curiosidad para ver qué sucedía:

—Joven, ¡te ordeno que te levantes!

Los amigos de Jesús pensaron que había perdido la razón. Le habían visto sanar enfermos, intervenir milagrosamente en una pesca infructuosa, pero ¿desafiar a la muerte…?

Los que portaban el féretro sintieron un sacudón en sus brazos que les obligó a acomodar las piernas en busca de equilibrio. Infinidad de miradas se concentraron y una exclamación al unísono erizó la piel de los presentes.

El joven se incorporó y comenzó a hablar. Miró a su alrededor y preguntó qué sucedía, a dónde lo llevaban, por qué su madre estaba irreconocible de tanto llorar. No entendía nada. Jesús lo tomó del brazo y le ayudó a descender de la camilla. Lo acercó a su madre y emocionado vio cómo se abrazaron.

Jesús se alejó del sepelio interrumpido y reanudó el camino dejando huellas de vida y esperanza. A medida que él y sus seguidores se alejaban riendo, abrazándose, alabando a Dios, la multitud comentaba que un nuevo profeta se había levantado. Un rumor se extendió por la región y más allá, hasta Judea y sus alrededores: «Dios ha venido a visitar a su pueblo».

La mujer sintió que un río se desbordaba dentro de ella y comprendió que su nombre ahora tenía sentido. Nejama significa «consuelo», y ella había experimentado no sólo el amor de sus semejantes sino el auténtico consuelo divino.

Para reflexionar

Esta fue la primera vez que Jesús dio vida a un muerto. Hubo otras dos ocasiones. Pero estos tres casos fueron nada en comparación con la gran cantidad de personas que fallecieron en aquellos días. ¿Por qué solamente revivió a tres? ¿Y los otros? Esa es una incógnita. Lo que sí sabemos es que la visita de Dios fue para todos, para todos los que quisieron recibirla.

Dos mil años después su cortesía no se ha extinguido, y cada día nos ofrece su visita para sorprendernos, consolarnos y ayudarnos. Está en nosotros que sepamos aceptarlo como él se lo merece.

- Intenta imaginar cómo Nejama habría relatado esta experiencia años después. Según lo que conoces de Jesús, ¿de qué otras maneras Jesús hizo sentir a las demás personas de su época que estaba cerca y tenía compasión por ellas?
- ¿Cómo te parece que Dios nos visita en nuestras rutinas, en nuestros dolores y circunstancias difíciles en la actualidad? ¿Has tenido alguna circunstancia en la que sentiste su ayuda como una visita cariñosa y compasiva?
- ¿Qué nos enseña la actitud de Jesús ante las personas que sufren?
- ¿Cómo podemos ser canales de la «visita de Dios» para quienes nos rodean?

Capítulo 28

Una mujer que amó mucho

Lucas 7.36-50

Temima[1] había crecido en situaciones de pobreza y abuso. Esas circunstancias adversas la fueron llevando, sin que ella quisiera, al no deseado mundo de la prostitución.

Su apariencia física armoniosa, de largos cabellos ondulados con un brillo admirable, su porte elegante, sus ojos bellos que traslucían cierta tristeza y su sonrisa obligada, le daban un encanto seductor que no pasaba indiferente a la mirada masculina.

Con ese trabajo que le resultaba despreciable lograba sostenerse ella y a algunos familiares que tenía a su cargo.

Por razones obvias y por su buen gusto, vestía con ropas atractivas y compraba perfumes exquisitos y costosos. Pero, todos aquellos detalles tan deseados por cualquier mujer, no calmaban las ansias de amor verdadero que crecía en el corazón de esta joven.

Cierto día se enteró que Jesús, de quien se hablaba tanto, había llegado a su pueblo. De él se decía que no era igual a ningún otro hombre: era amable, generoso, muy interesado en ayudar a la gente, otorgar salud auténtica a quienes se le acercaban y hasta se rumoreaba de que había resucitado[2] a un joven, único hijo de una viuda.

Todos estos comentarios acrecentaron la curiosidad de Temima por conocerlo. El único inconveniente que se le presentaba es que había algo que jugaba muy en contra suya. Jesús comería en casa de un fariseo. Estos religiosos escrupulosamente cumplidores de la ley

---

[1] Nombre imaginario cuyo significado es «inocente».
[2] Lucas 7.11-17.

aborrecían a mujeres como ellas. ¿Cómo podría hacer para acercarse al visitante que todos querían conocer? Algo tenía que planear. No podía perderse la oportunidad de verlo, escucharlo.

Sin pensarlo mucho, impulsada por sus carencias y sus ansias, tomó el costoso frasco de alabastro lleno de perfume que tenía guardado en un lugar secreto para alguna ocasión muy especial. Y el momento había llegado.

Temima se cubrió el rostro para no ser reconocida por la calle y salió de su vivienda con paso enérgico.

Se quedó observando un rato a la distancia. Quería cerciorarse bien del lugar en que se encontraba el Maestro de Galilea, pensar la manera cómo infiltrarse sin ser despedida antes de llegar a él. Una vez que pensó que tenía cada movimiento estudiado, y aprovechando que los comensales estaban sentados en la mesa conversando, esperó el movimiento de quienes servían las mesas, para así poder entrar al lugar y arrojarse a los pies de Jesús.

Una vez que logró acercarse al Maestro se estremeció. Recordó que su nombre significaba «inocente» y en ese momento todas sus manchas afloraron a la superficie, pero a la vez sintió la calidez de la aceptación de Jesús, por lo cual no deseaba huir, sino permanecer allí, con el rostro en el suelo. Comenzó a llorar y llorar. Sus lágrimas eran como un dique sin contención. Mientras estas salían sin desparpajo de sus ojos, iban bañando los pies de Jesús. Al percatarse de ello, comenzó a secarlos con sus cabellos, mientras los besaba y los ungía con el perfume exquisito.

El aroma oriental se esparció por la habitación. Simón, el fariseo, miró sobresaltado la escena totalmente inesperada. ¡Esto no podía estar sucediendo en su casa! Vio que Jesús no se sorprendía ante el hecho, que para Simón era repugnante, y con desdén pensó en su mente:

—Si este hombre fuera profeta, sabría quién es la que lo está tocando y qué clase de mujer es, pecadora.

Jesús, que escuchaba las palabras que no se pronunciaban, le respondió:

—Simón, tengo algo que decirte.

El hombre demostró su educación diciendo que estaba dispuesto a escuchar. Y Jesús le relató una breve parábola:

—Dos hombres le debían dinero a cierto prestamista. Uno le debía quinientas monedas de plata, y el otro cincuenta. Como no tenían con qué pagarle, les perdonó la deuda a los dos. Ahora bien, ¿cuál de los dos lo amará más?

Simón rápidamente contestó:

—Supongo que aquel a quien más le perdonó.

Jesús le dijo que había dado la respuesta correcta. Simón pensó que no era algo muy complicado de acertar; él conocía maestros que pronunciaban enigmas más difíciles. Mientras, continuaba suspendido en sus pensamientos y satisfecho de haber complacido al Maestro. De pronto escuchó que Jesús volvía a hablar. Esta vez mirando a la mujer, a la repudiada prostituta, como si intentara incluirla en la conversación.

—¿Ves, Simón? Cuando entré en tu casa no me ofreciste agua para lavar mis pies, no me besaste ni me ungiste la cabeza con aceite, como lo hace cualquier buen anfitrión. Pero esta mujer ha bañado mis pies con sus lágrimas, los ha secado con sus cabellos, no ha dejado de besarme los pies y además me los ha ungido con este exquisito perfume. ¿Sabes, Simón? Ella demuestra que me ama mucho y es porque sus muchos pecados le han sido perdonados. Pero quien poco ama es aquel a quien poco se le perdona.

Temima comenzó a sentir que todos sus defectos, pecados, cargas, heridas, se iban diluyendo con las lágrimas y evaporando como el perfume. Levantó la cabeza y vio a Jesús que buscaba su mirada. De pronto escuchó las palabras más bellas que jamás había escuchado, capaces de sanarla:

—Tu fe te ha salvado. Vete en paz.

Para reflexionar

Por más que nos bañemos y perfumemos, en poco tiempo los pies huelen mal. Ni que hablar en la época de Jesús, cuando las calles eran solamente de tierra, basura y estiércol de animales, y se caminaba por ellas con sandalias abiertas y durante largas trayectorias. Ella no pensó en todo eso. Su sincero y único interés era mostrarle amor. Los comensales se reclinaban para comer, por lo que los pies quedaban hacia atrás. Por lo tanto, ella se arrodilló por detrás de él.

El relato no nos explica si ya se había encontrado antes con Jesús, si ya había sido perdonada por él con anterioridad, si esa relación de amor había nacido antes o en ese preciso momento. Pero el Señor interpretó la calidad de ese corazón agradecido.

Simón probablemente había invitado a Jesús para tenderle una trampa. Se sentía seguro de su santidad, de ser aceptable ante Dios, no como los demás pecadores. No tenía necesidad del perdón. Y por eso su amor era escaso, tanto hacia el Señor como hacia los demás.

- Imagina que hubieras estado presente en aquel lugar. ¿Qué te parece que hubieras sentido al ver y escuchar lo que allí sucedía?
- ¿Cómo evaluarías tu amor hacia el Señor? ¿Por qué?
- ¿Cómo te parece que estás evidenciando ese amor?
- Según la respuesta de Jesús a Simón, ¿qué es lo que hace que nuestro amor hacia él sea más grande o ni exista?
- ¿Cómo solemos juzgar a otros simplemente por lo que vemos?
- ¿Qué podemos aprender de este relato?

Capítulo 29

Jesús no condena a quienes la sociedad condena

Juan 8.1-12

Se conocieron en el templo cuando eran tan solo adolescentes. Fue amor a primera vista, ambos se gustaban y pensaban poco en los detalles más importantes de la futura relación. Tan solo querían estar juntos y sentir afecto. Nehira[1] se había enamorado apasionada y ciegamente de aquel muchacho, quien lucía un porte fuerte y varonil, algo que las chicas de la edad de Nehira sueñan con tener.

Al poco tiempo de noviazgo se casaron, quizá demasiado pronto. Pero las cosas empezaron a deslucir muy rápidamente. El marido de Nehira era muy iracundo y rudo con sus palabras. La relación se iba deteriorando debido al distanciamiento y al mal trato. Por momentos ella se sentía usada y abusada. Cuando él se ausentaba por razones de trabajo, se sentía libre. Su mejor compañía eran las lágrimas que la comprendían y distendían su dolor.

—¿Qué futuro me espera? —se preguntaba— ¿Tendré que soportar esto toda la vida? ¿Tendré que aprender a bajar la cabeza sin pensar en mí?

Las veces que había intentado iniciar un diálogo con él a fin de poder hacer más llevadera la convivencia, terminaba humillada por el peso de alguna culpa que él siempre hacía recaer sobre sus hombros. Su autoestima se iba deshilachando y le dejaba un vacío doloroso… todo parecía indicar que la tormenta perfecta se avecinaba sobre la vida y el hogar de Nehira.

---

[1] Nombre imaginario que en hebreo significa «luz».

Y sucedió lo impensable. Uno de los compañeros de trabajo de su marido, a quien Nehira conocía de algunas reuniones que había asistido, se había interesado en ella. Claro, Nehira sabía hacer lo correcto pero dado el estado emocional en el que ella se encontraba, podría caer fácilmente en aquella trampa y tentación.

Y así sucedió lo impensable. Los dos cayeron en aquella trampa. Los dos fueron igualmente culpables. Aquel día fatídico, los dos se encontraban juntos en aquella oscura habitación. De pronto, se oyó un alboroto en la calle. La muchedumbre gritaba enardecida e inflamada por una ira religiosa. De entre aquella multitud unos hombres rompieron la puerta e ingresaron a la habitación. Con violencia sacaron a Nehira a la calle. La insultaban. Por un instante se sintió aturdida y pensó que iba a perder el conocimiento, pero respiró profundo y pudo recobrar las fuerzas. Aquellos hombres la llevaban casi arrastrándola por la calle empedrada. Sus pies descalzos se resentían con la dureza del camino. De pronto, en un momento de lucidez, miró hacia atrás. ¿Qué le habrían hecho a su amante? Miraba por todos lados, pero no lo ubicó. Fue entonces que se dio cuenta de que solo aquellos hombres estaban allí con ella. ¿Y él? ¿Y su fortaleza para defenderla, y su fidelidad para no abandonarla?

Una rabia densa oscurecía su alma y el terror por lo que le esperaba la desangraba por dentro. Ya conocía el veredicto y ya era muy tarde para buscar atenuantes o alguien que la defendiera. La condena por adulterio era la lapidación. Pero la sentencia debía ser para ambos.[2] El hombre a quien se había entregado sin mezquindad había escapado ileso.[3] Las piedras del juicio caerían solo sobre ella.

Una multitud se agolpaba en la plaza. ¿Por qué había tanta gente? Pensó en lo vergonzoso de su situación al ser expuesta ante esa muchedumbre. Mientras se acercaban al grupo, alcanzó a distinguir una voz que se imponía con autoridad, sin duda era algún maestro que estaba dando lecciones sobre la ley judía.

Aquellos hombres que empujaban a la mujer se abrieron paso, la exhibieron colocándola en el medio y expusieron la situación:

---

2 Levítico 20.10.
3 Resulta curioso el hecho de que el hombre no fue llevado para ser lapidado.

—Maestro, esta mujer ha sido sorprendida en evidente acto de adulterio. En la ley se nos dice que demos muerte a pedradas a tales mujeres. Tú, ¿qué dices?

Se produjo un silencio sepulcral. Nehira se sentía suspendida entre la vida y la eternidad. No se atrevía a levantar la mirada para contemplar al Maestro. Pero, como estaba con sus ojos clavados en el suelo, pudo ver con claridad cuando Jesús comenzó a escribir con el dedo en el polvo de la calle. ¿Qué escribía? Ella no sabía leer. No entendía qué sucedía. ¿Quizá Jesús estaría escribiendo su acta de ejecución?

Ante la falta de respuesta, aquellos hombres insistieron preguntando cómo se debía proceder. De pronto Jesús se incorporó y en un tono categórico, impregnado de justicia declaró:

—El que de ustedes esté sin pecado que tire la primera piedra— y se inclinó nuevamente para continuar escribiendo en el suelo.

La mujer estaba expectante, esperando que la descarga de proyectiles se estrellara contra su piel joven. La sorprendió escuchar pasos que con timidez y sigilo comenzaban a alejarse. ¿Habrán ido a buscar las piedras? Pero el silencio se hizo total. Y entonces escuchó la voz de Jesús, cargada de ternura y respeto:

—Mujer, ¿dónde están todos? ¿Ninguno te ha condenado?

La muchacha levantó la mirada, miró hacia la derecha, hacia la izquierda, con valentía giró la cabeza hacia atrás y entonces, mirando a los ojos del Maestro, dijo:

—Ninguno, Señor.

—Tampoco yo te condeno. Vete y en adelante no vuelvas a pecar.

Jesús continuaba parado en el mismo lugar, pero Nehira sintió que esa voz y esa mirada la abrazaban y la colmaban con un amor desconocido, como si de pronto sus ansias de cariño desbordaran, inundadas por un manantial que no tenía fin y una luz tibia le acariciara el alma. Mientras las lágrimas fluían de sus ojos pensó:

—¡Este es el amor que yo buscaba! ¡Este es el amor que necesito! ¡No hay otro igual!

Nehira se postró ante el Maestro, se inclinó ante esa escritura indescifrable, y supo que desde ese día su vida empezaba de nuevo. La mano de Jesús se posó sobre su cabeza desgreñada y la paz iluminó su interior.

En ese momento descubrió que aún quedaban algunos de los oyentes que estaban cuando ella llegó arrastrada por sus acusadores.

Jesús miró a su auditorio y exclamó:

—Yo soy la luz del mundo. El que me sigue no caminará en tinieblas, sino que tendrá la luz de la vida.

Nehira se incorporó de un salto. Con una alegría que no le cabía en el cuerpo comprendió que por fin había visto la realidad. Por primera vez en su vida había experimentado el verdadero amor y veía la luz de la vida.

Para reflexionar

Estamos muy acostumbrados a condenar a los demás y también a ser condenadas. Cada persona elabora, de alguna manera inconsciente, gracias a su historia de vida, a sus aprendizajes, a sus frustraciones, las causas válidas para sentenciar a alguien como persona no grata, no digna, no merecedora de afecto, y así la lista continúa y se acrecienta de acuerdo con las experiencias dolorosas que se viven.

Por esta razón es que tantas veces aquellos juicios son injustos, porque son muy subjetivos, sin conocer las causas ni poder ver la realidad desde otras perspectivas. Seguramente por esta razón en la Biblia se nos enseña repetidamente a no emitir juicios contra otras personas. Pero, esto se nos hace muy difícil.

Ni que hablar cuando las condenadas somos nosotras. Nos rebelamos porque vemos que las críticas que recibimos por lo general son injustas y lacerantes. Nos hieren, nos hacen sentir solas e incapaces de defendernos.

- Intenta imaginar los sentimientos y pensamientos que pasaban por la mente de esta mujer al sentirse señalada y próxima a ser lapidada.
- ¿Cómo se habrá sentido esta mujer al sentirse libre de la condena que tanto temía?
- ¿Cuáles pueden ser las culpas más frecuentes que puede sentir una mujer en la actualidad? ¿A qué se deben las mismas?
- ¿Cómo puede influir el amor incondicional de Dios en una mujer que se siente acosada o condenada por culpas o por lo que dicen otros de ella?
- ¿Cómo podemos ayudar a las mujeres que se sienten abrumadas por el qué dirán, por su pasado, por los errores que haya cometido?

Capítulo 30

Marta, una discípula avanzada

Lucas 10.38-42; Juan 11.1-44; 12.1-3

Marta era una mujer muy habilidosa. Su casa era un fiel reflejo de ella. El orden, la higiene, el buen gusto creaban un espacio placentero y atractivo. Las recetas de cocina que había aprendido de niña la hacían lucir como una eximia anfitriona. Le encantaba hospedar gente en su hogar de Betania. Muchos eran los que se alojaban allí, ya que se encontraba ubicado en una ruta muy importante que unía Jericó con Jerusalén.

Vivía con sus dos hermanos, María y Lázaro. Ella, por ser la mayor, era quien se sentía responsable de todo. Esto a veces la ponía nerviosa. Había tanto que hacer en una casa: acarrear el agua, realizar la limpieza, moler el grano, faenar los animales, cultivar las verduras, amasar el pan, cocinar, confeccionar y lavar la ropa. Si bien los roles estaban muy bien distribuidos, Marta no siempre estaba conforme con el desempeño de sus familiares. De algo estaba convencida: la casa no marchaba si ella no vigilaba que todo se llevara a cabo como correspondía.

Entre sus huéspedes predilectos se contaban Jesús y sus discípulos. Cuando ellos llegaban, el trabajo se multiplicaba en gran manera. Se agregaban a la mesa por lo menos trece personas más. Ni que hablar cuando otros seguidores y seguidoras se sumaban a la comitiva. Marta calculaba las raciones que siempre le parecían escasas, preparaba lugares y mantas para que todos los visitantes descansaran si la noche los alcanzaba allí. Pero, a pesar del trajín, esos días eran los que mejores recuerdos le dejaban. Mientras se desplazaba sigilosamente de un lugar a otro, a fin de mantener todo listo y en orden, escuchaba las cálidas palabras del Maestro. Ella, que había aprendido que el hospedar a otros era uno de los más excelentes servicios que alguien podía ofrecer, se esforzaba por hacer su estadía lo más grata y reconfortante posible. Además, no tenía excusas para no hacerlo. Era fuerte, muy buena anfitriona y tenía los recursos necesarios para alimentar a estos viajeros hambrientos.

Un día en que Jesús venía desde Jericó a Jerusalén, pasó a visitarlos. Como siempre las puertas estaban abiertas para él y sus seguidores. En poco tiempo, Marta logró preparar un verdadero banquete, aunque semejante ajetreo la había tornado irascible. Por esta razón es que no soportó cuando vio a su hermana sentada a los pies del Maestro. ¿Qué hacía ella ahí, en el lugar de privilegio de los hombres? Sin esconder sus sentimientos, se acercó a su amigo y con total franqueza, en voz baja, le pidió que le dijera a María que fuera a ayudarla. Jesús, con mucha ternura, le dijo que su hermana estaba haciendo algo muy bueno al sentarse allí para devorar sus enseñanzas. A pesar de que se sentía molesta y que no entendía la actitud de la joven, no bajó los brazos y continuó demostrando el amor que sentía por él por medio de acciones domésticas.

Betania se encontraba muy próxima a Jerusalén, a menos de tres kilómetros de distancia. Estaba separada de la capital por el Monte de los Olivos, lugar en donde Jesús acostumbraba a refugiarse para dialogar con su Padre en oración. Por esa razón, sus visitas al hogar de Marta eran muy frecuentes.

Pero, el día en que Lázaro enfermó gravemente, Jesús no estaba en la región. Con urgencia le hicieron llegar la noticia al Maestro que se encontraba al otro lado del río Jordán:

—Señor, tu querido amigo Lázaro está enfermo.

Marta esperaba ansiosa la presencia de Jesús. Seguramente de un momento a otro traería la sanidad y el aliento que todos esperaban. Había sanado a muchos, no podía hacer menos por quien tanto quería. Mientras intentaba bajar la fiebre de su hermano con paños de agua fría y mojaba sus labios resecos, la mujer contemplaba la puerta que permanecía entreabierta esperando la llegada del Maestro. Pero la respiración de Lázaro se tornaba más dificultosa, su pulso estaba muy débil y Jesús no aparecía. Marta sentía que la angustia la asfixiaba. Mientras el sol se ocultaba en el horizonte, y con él las últimas esperanzas del arribo del amigo, la vida de Lázaro se esfumó sin que nadie pudiera impedirlo. La noticia corrió rápidamente por Betania. Al día siguiente, el cortejo fúnebre llegó ante la tumba llevando los restos de un hombre, y el desconsuelo de dos mujeres que no encontraban respuestas.

Habían pasado tres días desde que Jesús recibiera la noticia de la enfermedad de su amigo. Al fin el Maestro decidió ir a visitarlos. Nadie entendía por qué se había demorado tanto en emprender el viaje. Mientras iban de camino los discípulos intentaban convencerlo de regresar: en Jerusalén corría peligro, muchos querían apresarlo y matarlo. Pero Jesús, muy resuelto, les dijo:

—Lázaro ha muerto, y me alegro de no haber estado allí, porque ahora ustedes tendrán oportunidad de confiar en mí. Vayamos a donde está él.

Quienes iban a su lado bajaron la cabeza apesadumbrados por la pérdida irreparable de quien con tanto afecto los cobijaba en su casa. Unos a otros se preguntaban por qué Jesús no había ido antes. Cada día entendían menos al Maestro. Y esto de ir ahora a Betania, era un verdadero peligro.

Ya hacía cuatro días que Lázaro había sido sepultado. Muchos conocidos de la región, sobre todo de la populosa Jerusalén, estaban acompañando a Marta y su hermana. De pronto, un joven se acercó a la mujer y le dijo al oído:

—Jesús acaba de llegar a Betania.

Marta, sin decir nada a nadie, salió a recibirlo. La amistad que los unía le permitió sincerarse:

—Señor, si hubieras estado aquí, mi hermano no habría muerto.

Y, sin darse cuenta, las palabras continuaron fluyendo de su boca en completo desorden. Sorprendida se escuchó decir:

—A pesar de todo lo que ha pasado, Dios hará lo que tú le pidas. De eso estoy segura.

Ni ella entendió bien qué había querido decir. La presencia de Jesús le inspiraba tanta confianza que, ante él, se mostraba tal cual era, con sus dolores, sus dudas, sus esperanzas, sus deseos. Pero ¿qué podía hacerse a esta altura, cuando ya hacía cuatro días que su hermano habitaba en las prisiones de la muerte?

Jesús, con esa ternura que le acariciaba el alma, le contestó:

—Tu hermano volverá a vivir.

Marta, que tantas veces había escuchado las palabras de Jesús, como repasando una lección muy bien aprendida dijo:

—Claro que sí, cuando llegue el fin, todos los muertos volverán a vivir.

Jesús la miró a los ojos y le dijo:

—Yo soy el que da la vida y el que hace que los muertos vuelvan a vivir. Quien pone su confianza en mí, aunque muera, vivirá. Los que todavía viven y confían en mí, nunca morirán para siempre. ¿Puedes creer esto?

Marta, con una lucidez que ella misma desconocía, respondió:

—Sí, Señor. Yo creo que tú eres el Mesías, el Hijo de Dios, que debía venir al mundo.

Aunque Marta no había tenido oportunidades de sentarse tranquila a los pies de Jesús para absorber sus enseñanzas, en ese momento demostraba ser una de sus discípulas más avanzadas; ella había comprendido a la perfección quién era él y todo lo que podía esperar de él.

Jesús al ver el dolor de los presentes se conmovió profundamente. No pudo evitar que las lágrimas comenzaran a deslizarse por sus mejillas. La tragedia de la muerte que desgarraba los corazones de quienes él amaba también desgarró el suyo. Y lloró.

Con los ojos aún húmedos, se acercó a la cueva donde yacía el cuerpo del difunto y pidió que quitaran la piedra que cubría el acceso a la misma. Marta horrorizada exclamó:

—Señor, hace cuatro días que está muerto. Seguramente debe oler mal.

Jesús la miró y le dijo en complicidad:

—¿No te dije que, si confías en mí, verás el poder de Dios?

Cuando Marta vio que su hermano salía de la tumba envuelto en vendas de lino ya no entendió más nada. No sabía si gritar, llorar, postrarse ante Jesús, o si su corazón resistiría tanta emoción. ¿Esto era realidad o estaba soñando? Recién al ver el rostro de Lázaro y escuchar su voz comprendió que estaba vivo. Miró a Jesús y descubrió una mirada que nunca más podría olvidar. Esos ojos penetraban el alma, invitaban a confiar en él, a jugarse la vida por él.

Por esta razón, cuando tiempo después Jesús se hospedó en su casa, Marta no dudó ni por un momento que lo mejor que podía hacer por su amigo, sí, su amigo, quien también era el enviado de Dios a este mundo, era servirle, servirle de la mejor manera que ella podía hacerlo, con sus capacidades y sus recursos, con su hospitalidad y sus exquisiteces, con todo el amor que sentía hacia él.

Para reflexionar

Los evangelios sinópticos (Mateo, Marcos y Lucas) relatan la conocida confesión que hizo Pedro acerca de la identidad de Jesús, cuando al ser interrogados por el Maestro él respondió muy convencido:

—Tú eres el Cristo, el Hijo del Dios viviente.

Resulta curioso que esa fue la misma confesión que hizo Marta sobre la identidad de Jesús, cuando en un momento tan difícil como la muerte de su hermano ella exclamó:

—Yo creo que tú eres el Mesías, el Hijo de Dios, que debía venir al mundo.

Una mujer que no tenía tanto tiempo para aprender de su Maestro, una mujer que siempre estaba ocupada atendiendo a los demás, distraída con un sinfín de tareas, ¿cómo habrá podido captar aquella misma verdad que uno de los primeros discípulos de Jesús, con quien compartía tantas experiencias?

Parece injusto que la historia no reconozca que ella, al igual que Pedro, hizo una confesión magistral sobre la identidad de Jesús. ¿Será que la hemos silenciado por ser mujer?

- ¿De qué manera vivió Marta su amistad con Jesús?
- ¿De qué manera la afectó esta relación, en una época en que las mujeres estaban tan postergadas?
- ¿Cómo habrá podido Marta aprender tanto de Jesús mientras estaba tan ocupada?
- ¿Cómo vives tu amistad con Jesús? ¿Cómo piensas que podría ser más íntima y sincera? ¿Cómo te parece que una relación así podría afectar tu vida diaria?
- ¿Cómo puedes llegar a conocer mejor a Jesús mientras estás tan ocupada con tantas responsabilidades?

Capítulo 31

María Magdalena, elegida para rendir testimonio de Jesús

Juan 20.1-18

Me llamo María,[1] nacida en Magdala, que está junto al lago de Galilea. Cuando conocí a Jesús, él me transformó y le dio sentido a mi vida… desde entonces he decidido rendir testimonio de él.

Ahora quiero contarles algo que impactó fuertemente mi historia personal, pero tengo que explicarles lo que sucedió antes de eso.

Las últimas horas fueron las peores de toda mi vida. Cuando me había convencido de que por fin la vida tenía sentido, que valía la pena arriesgarlo todo por el Maestro, abandonar mi casa en Magdala, seguirle por toda Palestina por una causa fascinante, todo se derrumbó. ¡Habían matado a Jesús! ¡Habían matado al Maestro! ¡Habían matado al Hijo de Dios! Esta era la mayor crueldad de la historia. Y ahora, ¿cómo podré seguir adelante?

Aquel domingo por la mañana, muy temprano, con el alma tan oscura como las sombras que aún no querían retirarse de la ciudad, mientras todos los pobladores de Jerusalén aún dormían, me levanté impulsada por la angustia y fui de prisa al sepulcro. Necesitaba convencerme de que allí yacía Jesús, de que todo había terminado, de que ya nada tenía sentido. Desde ese momento sería testigo del fracaso de una inmensa ilusión.

Temía que alguien pudiese haberle hecho algo más, que alguien se hubiese atrevido a ultrajar su cuerpo. Al acercarme al lugar, comprobé

---

[1] Narrado en primera persona.

lo que tanto sospechaba: la piedra que cubría la entrada había sido empujada a un lado. ¿Quién podría haber movido esa roca tan pesada? ¿Por qué lo habrían hecho? Sin perder un instante, con las fuerzas que da la desesperación, considerándome una testigo de este hecho aberrante comencé a correr. Tenía que avisarles a los seguidores de Jesús. Llegué casi sin aliento a la casa donde se habían alojado en aquellos días y les dije con voz entrecortada por el llanto:

—Se han llevado el cuerpo del Señor, ¿cómo haremos para saber dónde lo han puesto?

Pedro y el otro discípulo salieron corriendo ante la noticia desgarradora. Yo iba detrás de ellos. Llegaron al sepulcro, entraron, vi que inspeccionaban el interior de la cueva, luego salieron, no parecían muy angustiados[2] y regresaron a su casa. Pero yo me quedé allí. Tenía que averiguar qué había pasado con el cuerpo de Jesús. Tenía que descubrir por mí misma qué estaba sucediendo.

Permanecí llorando junto al sepulcro. ¿A qué otro lugar podía ir? ¿Qué otra cosa podía hacer? Allí quedaban enterrados mis sueños, mis energías, mi vida. Sólo el sepulcro podía entender mi dolor. Con la mirada empañada por las lágrimas, entré a la cueva. Pero ¿cómo? La tumba no estaba vacía. Allí había dos seres que encandilaron mis ojos enrojecidos con sus vestiduras tan blancas. Estaban sentados en el lugar donde antes había estado el cuerpo del Maestro. ¿Qué sucedía? ¿Qué hacían aquellos seres en ese lugar? ¿Quiénes eran realmente? Me preguntaba si la angustia me estaría enloqueciendo. Desconcertada giré para salir de la cueva y vi a un desconocido que me preguntó:

—¿Por qué lloras, mujer?

Lo miré con asombro. ¿Cómo podía ser que no se diera cuenta de lo que estaba pasando? Con voz temblorosa contesté:

—Se han llevado a mi Señor y no sé dónde lo han puesto.

Supuse que era el encargado del huerto, ¿quién otro podía ser a esas horas? Entonces le dije:

—Señor, si usted sabe dónde está, si usted se lo ha llevado, por favor dígame dónde lo ha puesto. Necesito verlo.

---

2 El evangelista dice que ellos creyeron al ver los lienzos y la tumba vacía. Pero María de Magdala no entendió aquello.

De pronto el silencio del amanecer se impregnó con un nombre, ¡mi nombre!:

—¡María!

Les aseguro que quedé inmóvil, como si todo mi cuerpo de pronto hubiera perdido la capacidad de moverse, de hablar… Solo una idea atravesó mi mente: —Esa voz, esa forma de pronunciar mi nombre. ¡No, no puede ser!... ¡tiene que ser él! ¿Quién, si no?»

Saqué fuerzas no sé de dónde, creo que de la misma desesperación que me invadía. Y me animé. Y lo llamé como lo había hecho siempre:

—¡Maestro!

Y sin esperar que me contestara, me acerqué para abrazarlo, para tocarlo. ¡Esto era un sueño! Él estaba aquí de nuevo, junto a mí, con nosotros, todo volvería a ser como antes. ¡Había terminado la pesadilla!

Pero Jesús me detuvo, dijo que no podía tocarlo. Lo que sí debía hacer era ir a donde estaban mis hermanos y decirles que él estaba vivo, que él volvía a su Padre quien también es nuestro Padre, a su Dios quien también es nuestro Dios. Me encomendaba el privilegio de testificar de lo sucedido, ¡ser su testigo!, de contarle a todos que él estaba vivo.

Salí corriendo con fuerzas renovadas. Sentía que mi corazón, al igual que mi rostro, se iluminaban con las primeras luces de la mañana. Me inundaba una alegría incontenible. Tenía ganas de reír a carcajadas, de cantar. Me repetía una y otra vez las palabras que el Maestro acababa de decirme: «Mi Padre es también el Padre de ustedes, mi Dios es el Dios de ustedes». Y la forma en que había pronunciado mi nombre me acariciaba el alma, que hasta hacía unos instantes había estado deshecha.

De pronto tomé conciencia de que yo era la única persona que había visto a Jesús resucitado, sí, yo, ¡una mujer! Era la única testigo de lo que había sucedido en aquel amanecer, la única testigo de que Jesús vivía, la única testigo de su victoria. Aunque como mujer valía muy poco, mi encuentro con Jesús me había concedido un privilegio increíble… desde entonces testificaría de él, ¡sería su testigo!

Podría proclamar que la historia tiene sentido, de que nuestra vida tiene sentido, a pesar de todo, a pesar de las injusticias, a pesar de la corrupción de las autoridades, a pesar de los planes perversos de los religiosos. Y pensé:

—¿Me creerán los discípulos cuando se los cuente? Nadie cree en las palabras de una mujer, nadie nos tiene en cuenta cuando rendimos testimonio. Pero ¡seguramente los muchachos me van a creer! Después de que Jesús me liberara de un pasado oscuro, pasé mucho tiempo con ellos y con el Maestro. No van a pensar que estoy inventando cosas.

Pero las preguntas seguían aflorando en mi mente:

—¿Por qué Jesús no llegó unos instantes antes, así se hubiera encontrado con Pedro y Juan? ¿Por qué apareció justo cuando me quedé sola? ¿Por qué me eligió a mí para contemplar con mis ojos el evento más grande de la historia?

Casi sin aliento, y sin respuestas a mis preguntas, llegué a la casa de los discípulos. Abrí la puerta sin siquiera golpear. Los encontré algo confundidos, y exclamé entre risas, gritos y llantos de felicidad:

—¡He visto al Señor! ¡Está vivo! ¡Va a encontrarse con su Padre, quien es nuestro Padre, con su Dios, quien es nuestro Dios! ¡Todo vuelve a ser como antes! ¡No! ¿Qué digo? ¡Mucho mejor que antes! ¡Él ha vencido a la muerte! ¡Ya nada podrá detenerlo! ¡Todo lo que nos dijo era cierto! ¡Ahora todo cobra sentido! ¡Él vive para siempre! ¡Yo lo sé! Nadie podrá hacerme callar que él vive, que ha triunfado sobre todo y sobre todos, que la historia tiene sentido, que nuestra vida tiene sentido ¡Nuestra misión tiene sentido porque tenemos el privilegio de ser sus testigos!

Para reflexionar

Las posibilidades que tenemos las mujeres en el siglo XXI son muy distintas a las que tenían las mujeres del primer siglo. Hoy nos pueden convocar para que rindamos testimonio ante la justicia, realicemos publicaciones de descubrimientos científicos, cumplamos presentaciones artísticas, etc. Sin embargo, hay situaciones en las que todavía quedamos en un segundo plano. Aún hoy, en algunos ámbitos, los hombres tienden a ocupar puestos privilegiados, de mayor importancia.

- ¿Cómo se habrá sentido María de Magdala al tener aquel encuentro con el Jesús resucitado y luego sufrir la envidia de parte de los demás seguidores de Jesús cuando dio la noticia de ese evento increíble?

- ¿Por qué Jesús decidió aparecer primero a María? ¿Por qué no lo hizo unos instantes antes, cuando los hombres aún estaban en el lugar? ¿Qué piensas de esta decisión de Jesús?

- ¿Qué crees que Jesús pensaría de aquellas situaciones en las que se relega a las mujeres a un segundo plano, o cuando cualquier participación se les hace más difícil, o se las margina de alguna forma u otra?

- ¿De qué manera el amor y la aceptación de Jesús pueden aún hoy transformar tu vida y la vida de otras mujeres, con el fin de que tomen conciencia de que tienen una misión que cumplir?

Capítulo 32

Conclusión: «Buenas, malas, santas y locas»

Así se habla de nosotras en la historia, en las conversaciones de sobremesa. Así se nos cataloga.

En esta serie de ensayos nos hemos detenido a reflexionar en torno a unas pocas mujeres de las que menciona la Biblia. Hay muchas más. Hay de distintas procedencias, con antecedentes diversos, con experiencias disímiles. Algunas son excelentes como esposas, madres, abuelas y dirigentes. Otras son perversas. Hay las que son verdaderas santas e irreprochables. Y no faltan las locas, las que dañan, las que por envidia o ambición actúan sin pensar.

Lo que me apasiona de la Biblia es que siempre presenta a las personas tal como son, con sus matices claros y oscuros, con sus virtudes y sus defectos. Nada se esconde, nada se distorsiona para crear personajes perfectos. Y ello me da la pauta de que se trata de un libro auténtico y diferente. Nosotros siempre miramos a los demás con el cristal que nos conviene, y luego los retratamos de aquella manera. Pero las Escrituras Sagradas nos muestran cómo somos de verdad. Y efectivamente, no hay nada que esconder porque todos nos hallamos en las mismas condiciones.

Todas las personas que caminamos por este planeta somos imperfectas, estamos heridas, enfermas por el pecado. Pero Dios ama con plena pasión a todos y todas, y nos mira con ojos de Padre, que se dispuso a entregar su vida por nosotros y que quiere vivir en nosotros, a pesar de nuestras pequeñeces y mezquindades.

Ese Dios que se maneja con códigos extravagantes de amor, quiere sanarnos, restaurarnos y, al ir trabajando en nuestras miserias, nos va transformando poco a poco según la imagen de su Hijo. Por ello es que algunas personas actúan con bondad, atienden con pasión a los que sufren, dan lo que han recibido, entregan su tiempo y sus dones para el bien de los demás, con el fin de construir un mundo que dé gloria a Dios.

Decía Goethe: «Cada generación tiene que escribir su propia historia».[1] De la historia sólo conocemos prácticamente la mitad, aquella en la cual los protagonistas fueron hombres; las mujeres son las eternas ausentes. Si nos preguntamos dónde estaban las mujeres en la Antigüedad mientras los hombres «construían la historia», la respuesta parece ser obvia: detrás de ellos, ocultas, encerradas en casa. Pero hubo excepciones, mujeres inconformistas que rompieron el molde. La experiencia de la mitad de la humanidad excluida es apasionante, ya que reúne una serie de ideas creativas y peculiares que hicieron posible que ellas, en un mundo que se les mostraba hostil, pudiesen ocupar espacios vedados. Para comprenderlas hay que tener en cuenta que las cercaba la desconfianza de su entorno, los estereotipos del momento, las sanciones más duras. A veces las estrategias que se utilizaban para marginarlas fueron brutales, otras más tenues: se intentó ignorar su presencia, se tergiversaron sus acciones, se las olvidó en el momento de escribir la historia

Según vimos en los relatos anteriores, en ningún lugar de la Biblia se dice que la mujer sea inferior al hombre o que los dones espirituales y los llamados del Espíritu Santo sean conferidos únicamente a los varones. No obstante, por siglos, la iglesia les ha enseñado a mujeres devotas que deben limitar el fuego santo de Dios que arde dentro de ellas y que se consideren ciudadanas de segunda clase en el reino de Cristo. Como resultado, la mitad de la fuerza laboral de la iglesia se ha marginado y desvalorizado.

En este tiempo las mujeres hemos empezado a reflexionar en nosotras, a hablar de lo que sentimos y pensamos, a desarrollar nuestras vocaciones, a ejercitar nuestros dones, a sentir que valemos, a levantar nuestra voz. Por eso te invito a que comiences a mirar a las otras tantas mujeres, cuyas vidas las vemos plasmadas en las páginas de la Biblia; a que leas aquellos relatos, pero lo hagas metiéndote en la

---

[1] N. DEL E.: Cita que se le atribuye a Goethe, pero que en realidad se deriva de una síntesis de su noción de la historia.

piel de ellas, en su sentir de mujer, en las preocupaciones de madre, esposa, amiga. En que sientas las veces que fueron traicionadas, o no valoradas. Te animo a que las mires desde una perspectiva diferente a la que siempre las has mirado y te acerques a ellas como mujer; que veas cuánto sufrieron, cuánto amaron, cuánto dieron, cuánto nos enseñan, qué legado hicieron al pueblo de Dios, a la iglesia y a la sociedad.

Recordemos que aun los escritos más antiguos de las Sagradas Escrituras evidencian la dignidad de la mujer. En épocas donde la mujer no tenía ningún tipo de oportunidades, encontramos algunas que se destacaron y cumplieron la misión que Dios les había encomendado. Jesús, nuestro modelo de Hombre nuevo, de nueva humanidad, muestra el trato preferencial que tuvo hacia las mujeres de su tiempo, incluso hacia aquellas que otros rechazaban de manera rotunda porque además eran vistas como pecadoras, impuras, maldecidas, desechables.

Aunque no nos detuvimos en esa época, la iglesia de los primeros tiempos supo interpretar e imitar a Jesús en cuanto a que la misión cristiana era para todos, tanto hombres como mujeres. Por razones culturales de fines del primer siglo, el patriarcalismo fue imperando en la mentalidad de los creyentes y la misión poco a poco pasó a ser responsabilidad masculina.

Es obvio que las mujeres nunca desistieron del deseo de obedecer al Maestro y servirle como pudieran o las circunstancias se lo permitieran. Han pasado más de dos mil años y la sociedad entera clama por un trato más justo e igualitario hacia las mujeres. Parece insostenible que la iglesia aún se resista a tomar la batuta en considerar a la mujer como igual a los hombres, tanto en su dignidad como en su responsabilidad frente a la misión cristiana. Es hora de que los creyentes en Jesucristo continúen con la postura contracultural de su Señor, a pesar de las tendencias todavía reinantes en nuestras sociedades.

El Evangelio de Mateo concluye con la gran proclamación de Jesús:

> Se me ha dado toda autoridad en el cielo y en la tierra.
> Por tanto, vayan y hagan discípulos de todas las naciones, bautizándolos en el nombre del Padre y del Hijo y del Espíritu Santo, enseñándoles a obedecer todo lo que les he mandado a ustedes. Y les aseguro que estaré con ustedes siempre, hasta el fin del mundo. (Mateo 28.18-20)

Esta autoridad de Jesús nos empodera como iglesia, con el fin de desafiar los cánones culturales que aún rebajan a la mujer y le impiden desarrollar los dones que el Espíritu le ha dado para contribuir al crecimiento del cuerpo de Cristo, haciendo discípulos y discípulas de todas las naciones.

Que esta generación de cristianos sea sensible al susurro del Espíritu, que también se deja oír desde la sociedad toda, que reclama la presencia de la mujer no sólo en el trabajo secular sino enrolada en la misión más grande de la historia: ser testigos de Jesucristo y demostrar su amor hacia un mundo que sufre injusticias y violencia.